Amigos do Tokudinho

Sociedade Soto Zen do Brasil

CLA editora
2009

Editor: Fabio Humberg
Assistente Editorial: Cristina Bragato
Capa e projeto gráfico: João Carlos Porto

Dados Internacionais de Catalogação na Publicação (CIP)
(Câmara Brasileira do Livro, SP, Brasil)

Amigos do Tokudinho / organizadores Marcos Beltrão Ryokyu e Elcio Lucas Shoun. – São Paulo : Editora CL-A Cultural, 2009.

1. Depoimentos 2. Igarashi, Tokuda - Ensinamentos 3. Zen - Budismo I. Ryokyu, Marcos Beltrão. II. Shoun, Elcio Lucas.

09-06536 CDD-294.3927

Índices para catálogo sistemático:

1. Homenagem ao Monge Tokuda : Mestres espirituais : Ensinamentos : Zen-budismo 294.3927

Editora CLA Cultural Ltda.
Rua Coronel Jaime Americano 30 – salas 12/13
05351-060 – São Paulo – SP
Tel/fax: (11) 3766-9015
e-mail: editoracla@editoracla.com.br
www.editoracla.com.br

Impresso no Brasil

Índice

Apresentação 7

Breves apontamentos sobre a trajetória do Monge Tokuda 10

Introdução 13

Depoimentos 17

- Acely Gonçalves Hovelacque 19
- Alcio Braz Eido Soho 21
- Andréa Lanna 22
- Anibal Ji Po 23
- Beatriz Tôrres de Castilho 26
- Carlos Eduardo Nunes Pereira (Kako) 28
- Cecilia Eiko Fujiwara 32
- Clarice Pacheco 33
- Denise Dessaune 38
- Dôra Bragança 40
- Eduardo Fajardo Soares 41
- Eduardo Tagliaferri 43
- Egídia Corvalan Pequignot 45
- Elcio Lucas Shoun 48
- Elvira Keishin 51
- Elza Ramalho 53
- Evaldo Macedo Pinheiro 54
- Fernanda Vasconcelos Barros 57
- Fernando Guedes de Mello, Om 59
- Flávio Bombonato Jikishin 61
- Francisco Azeredo 65
- Giliate Mokudo 68
- Giorgia Sena Martins 69
- Heliana Ignácio-Sacco 73

Ivan Geraidine 76
Ivone Genpo Jisho 78
Janderson Haku Ho Dô Kô 84
Jane Mary 85
João Bosco 86
João Carlos Almeida Leite (Joãozinho) 87
José Costa (Ko Ho Mokugen) 91
José Gil 93
Josele Sodré Cupertino 96
Kenji Ono Sensei 97
Laura Maria de Moraes Mourão 99
Lenita Guen Po E Sho 100
Lia Diskin 103
Lili e Benícia Ponciano 105
Luiz Carlos Garrocho 106
Magali Lobosco 113
Magda Jaku Ho Gyoku En 117
Márcia Arreguy 129
Marcos Beltrão Ryokyu 141
Maria Augusta Cavalcanti 143
Maria do Carmo Pignata de Morais 145
Maria Flávia Valares Gonçalves (Flaveca) 150
Mariângela Rei ho Ryosen 162
Mariza Cardoso 166
Mauro Monteiro de Andrade 168
Miguel Oshiro 169
Napoleão Ryo Key 175
Odete Lara 176
Patrícia Seiho 177
Paulo Gain 184

Pedro Correia de Araújo 185
Pérola Lerman 186
Reginaldo Teixeira Coelho (Regis) 189
Ricardo Braun 194
Ricardo Mário Gonçalves 195
Ricardo Pessoa 198
Rizomar Kanguetsu 205
Rizonete Koguetsu 206
Rosângela Alves 207
Rosângela Teixeira de Matos 208
Sergio Olaya (Seiho Ryosui) 215
Silvana Félix de Assis 216
Simone Keisen Queiroz 218
Sizenando Mota 219
Tabajara Byaku Ho Shokan 220
Tânia Quaresma Junko 221
Terezinha Shin Etsu 223
Tsuioshi Yamada (Taijun Jundo) 224
Valéria Sattamini 225
Vânia Amaral 227
Vinício Godoy 230
Vinicius Athayde Gonçalves 231
Walter Ryodo 233

Entrevista com Mestre Tokuda 237

Palestra do Monge Tokuda 248

Glossário 265

Para praticar com Mestre Tokuda 269

Para Saber Mais 272

Apresentação

Este livro é parte das comemorações dos quarenta anos de trabalho missionário do Mestre Tokuda no Brasil.

A obra se inicia com uma série de depoimentos de personalidades e amigos do Mestre Tokuda, que retratam seu legado. A segunda parte traz uma conferência do Mestre em Bruxelas, em que ele apresenta os pontos principais do ensinamento Zen. Há, ainda, uma seção de fotografias desde o começo de sua carreira no Brasil, que consistiu de um "yang total" (quando o Mestre Tokuda ainda pensava em vir para o Brasil, jogou o I-Ching, livro de adivinhações chinês, e o jogo resultou no ideograma yang total, que quer dizer sucesso ou energia completa). O livro finaliza com uma entrevista concedida pelo Mestre Tokuda no Japão, no ano de 2008, e com uma palestra dada por ele em Bruxelas, juntamente com *links* da internet para sua página e páginas relacionadas, assim como os endereços dos locais de prática por ele orientados. Para facilitar a compreensão, ao final da obra, há um glossário de termos Budistas e Zen Budistas.

Para a consecução deste livro, contribui o fato de que, há cerca de um ano, o Monge Elcio Shoun aproximou-se com a ideia de fazer esta homenagem simbólica ao Mestre Tokuda, a quem todos devemos tanto, coletando depoimentos de pessoas ligadas a ele, sobre suas convivências etc. Achei, na época, a ideia maravilhosa, já que o próprio Mestre Tokuda havia me pedido para fazer isto três anos atrás. Consultei o Mestre Tokuda, que adorou a ideia, e lá fomos Elcio e eu pela estrada do passado, coletando depoimentos de pessoas que haviam vivido com o Mestre Tokuda, fotos e fatos que retratam a incrível e memorável trajetória do Mestre Tokuda, que cobriu praticamente todo o território nacional.

Foram meses de coleta de dados, e o Elcio estava muito bem preparado para a missão, graças ao seu senso de organização superior e ao longo tempo que praticava o Zen e conhecia o Mestre Tokuda, desde os idos de Ibiraçu e dos grandes Sesshins de sete dias.

Ora, onde há uma vontade há um caminho, e logo o trabalho estava praticamente pronto. Quando ficou concluído, ficamos abismados com a vastidão da influência do Mestre Tokuda, abrangendo não somente a história do Budismo no Brasil, desde o Dr. Murilo Nunes de Azevedo e o Dr. Ricardo Gonçalves, até os dias atuais, com a Sociedade Soto Zen do Brasil, com seus vários mosteiros em locais maravilhosos e muitos outros em projeto, mas também no campo da Medicina Tradicional Chinesa, em que quase todos os grandes praticantes em uma época ou outra foram alunos do Mestre Tokuda.

A preocupação central do Mestre Tokuda sempre foi uma só: transmitir o Budismo puramente no Brasil, em sua forma tradicional, ou seja, transmitir o selo da mente de Buda, para que a sucessão Budista pudesse garantidamente ocorrer no Brasil, assim como já havia sido transmitida em toda a Ásia, e atravessado a Rota da Seda até o Japão.

A Rota da Seda foi um pouco estendida até o Brasil, e agora no Brasil muitos querem viver com toda a intensidade esta vida da transmissão correta do Budismo, e eu ouso dizer, até, que nosso destino como povo está na balança entre conseguirmos ou não manter esta transmissão, pois isto é a coisa mais elevada que existe.

Então finalmente traçamos a rota do Mestre Tokuda, mas aquela rota interna que vem via Rota da Seda, essa cada um mesmo é que tem que achar aqui no Brasil, para que o Mestre Tokuda viva eternamente entre nós, assim como os seus valores tão cobiçados por nós (aqui eu não saberia explicar quais são estes valores, mas cada um tentou exprimi-los nos mais de setenta depoimentos aqui presentes). Se conseguimos ou não, é o leitor que vai julgar.

Gostaria também de agradecer à Monja Giorgia Sena, sem cuja ajuda inestimável na revisão do livro este não teria sido possível.

Obrigado,

Marcos Beltrão Ryokyu
Presidente da Sociedade Soto Zen do Brasil

Breves apontamentos sobre a trajetória do Monge Tokuda[1]

(neste mundo, que é o lugar da paciência)

1938 (30 de novembro) – nasce em Hokkaido, norte do Japão. Nome de família: Igarashi, Kyuji.

1960 – Inicia o curso de Filosofia Budista na Universidade de Komazawa.

É a sua entrada na Escola Soto Zen. Acompanha teishôs de Kodo Sawaki na Universidade durante três anos.

1963 – Inicia treinamento na Escola Rinzai. Primeiro Sesshin com Mestre Soen Nakagawa, no Mosteiro de Ryutaku-ji, que é ligado ao Mestre Hakuin. Posteriormente treinou no Mosteiro de Engakuj-i, em Kamakura, com Mestre Asahina Sogen.

1964 – Volta para a escola Soto e aprofunda-se no estudo do Shobogenzo, de Dogen Zenji, com o professor Nagahisa Shunyo.

1965 – Diploma-se em Filosofia Budista pela Universidade de Komazawa, em Tóquio.

1966 – Alista-se na Força Aérea Japonesa.

1966-1967 – Deixa o Serviço Militar para se tornar Monge Budista e passa a trabalhar em uma editora. É ordenado na Escola Soto Zen pelo Mestre Ryohan Shingu. Seu nome de ordenação é Ekyu Ryotan, que significa: Ekyu vem de "*E*" , Eisai, mestre Rinzai que transmitiu sua linhagem no Japão na época de Mestre Dogen. *Kyu* era nome de leigo. *Ryo* quer dizer bom, e *tan* quer dizer processo profundo.

1968 (12 de agosto) – Chega ao Brasil como Monge missionário. Reside no templo Busshin-ji, em São Paulo. Trabalha como professor de língua japonesa e esportes para crianças. Inicia grupo de Zazen no Templo Busshin-ji.

1970 – Para continuar a prática do Budismo com os brasileiros, que demonstram grande interesse pelo Zazen, meditação sentada, acei-

[1] Trata-se de uma trajetória aproximada, cujo objetivo é situar o leitor no tempo (visto de forma linear).

ta convite de Simone de Zeunig, e vai para Campos do Jordão, onde passa a manter grupo de prática. Desse grupo participam Ricardo Mário Gonçalves, Simone de Zeunig, Murilo Nunes de Azevedo e outros. Para sua sobrevivência, inicia trabalho com shiatsu, acupuntura e ervas medicinais segundo a teoria da Medicina Tradicional Chinesa (Kampoh).

1971 – A convite do professor de karatê José Maestri Chaves, inicia atividade no Rio Grande do Sul, ministrando palestras e orientando a prática do Zazen.

1974 – A convite da Sociedade Budista do Brasil, assume o templo Theravada no bairro de Santa Tereza, no Rio de Janeiro.

1975 – Deixa o templo Theravada e vai para Copacabana, onde funda uma sala de meditação, enquanto morava com sua esposa Mieko-san no mesmo bairro.

1976 – Os praticantes brasileiros Paulo Melo, Aníbal Freire e Cristiano Bitti oferecem terreno na região de Ibiraçu-ES para a Soto-Shu. Orientado por Mestre Shingu, esse grupo de jovens vai até o Rio de Janeiro e conhece o Monge Tokuda. Mestre Shingu designa Monge Tokuda para a fundação do mosteiro em Ibiraçu. Mestre Tokuda aceita e no ano seguinte inicia-se o Mosteiro do Morro da Vargem, onde Mestre Tokuda permaneceria até 1978.

1977 – Inicia atividades e grupos de prática em Belo Horizonte.

1978 – Muda-se para Belo Horizonte, onde funda o Instituto Vitória Régia, especializado em Medicina Chinesa. Ministra curso de shiatsu, acupuntura e Kampoh, formando vários discípulos nessas matérias.

1980 – Funda a Sociedade Soto-Zen do Brasil em Belo Horizonte.

1981 – Funda o Instituto de Medicina Búdica Nonindô em Belo Horizonte.

1982 – Realiza atividades em uma fazenda de cacau em Camacã-BA. Foi convidado pelo dono da fazenda e sua esposa para ali construir uma "cidade espiritual."

1983 – Volta da Bahia com o grupo de praticantes que lhe acompanhara, por não ter havido tempo suficiente para concretizar a "cidade espiritual".

1982-1983 – Orienta retiros com grupo de prática em Ouro Preto-MG, na casa de Dona Domitila do Amaral.

1984 – Funda o Mosteiro Zen Pico de Raios e o Centro de Cultura Oriente-Ocidente em Ouro Preto.

1985 – Forma grupos de prática na Argentina e na Europa, principalmente na França, locais que passa a visitar periodicamente.

1986 – Funda a Clínica de Medicina Oriental em Copacabana.

1993 – Funda o Centro Zen do Planalto.

1994 – Funda o Mosteiro Serra do Trovão, em Lavras Novas-MG. Funda o Templo Zen de Copacabana, na ladeira da Saint Roman, numa grande casa doada por D. Leda Dias Garcia.

1995 – Funda a Association Mahamuni de Paris Nonindo. Atua também na Alemanha.

2000 – Fundação do Mosteiro Eitai-ji, situado nos Alpes da Haute Provence, perto de Nice, no sul da França.

2001 – Fundação do Mosteiro Zen Serra dos Pirineus (Eisho-ji), em Pirenópolis-GO[2], e do Instituto Shihindo, um projeto de spas em hotéis cinco estrelas.

2003 – Mestre Tokuda muda-se para o Japão, com sua esposa.

2009 – Mestre Tokuda novamente volta para o Brasil como missionário internacional da Soto Shu do Japão.

[2] O terreno de Eisho-ji está situado dentro do bioma do cerrado, possui nascentes de água pura e grandes cachoeiras. O projeto de ocupação da área busca integrar as construções do mosteiro ao meio ambiente e prevê a construção de uma universidade de medicina Búdica, estudo e preservação de sementes do cerrado, um guia ecológico para o próximo milênio e um Spa Zen.

Introdução

Muitos mestres Zen e Budistas, bem como yoguis e hinduístas e outras vertentes orientais, vieram para o Ocidente quando, nos anos de 1970, houve uma movimento de contracultura e de reavaliação de valores básicos no Ocidente, sacudido pela guerra no Vietnã. Quase todos os mestres foram para os Estados Unidos e Europa, que são países ricos e prósperos (pelo menos na época eram). Ninguém veio para o Brasil. Contudo, devido a influências kármicas insondáveis, o Mestre Tokuda veio realmente para o Brasil, segundo ele para cantar Sutras para descendentes japoneses que faleciam sem ter ninguém que lhes cantassem para a entrada no outro mundo.

Ora, parece que o Mestre Tokuda não veio realmente ensinar nada nem tampouco transmitir qualquer Zen para nós como se fosse um grande Mestre e a gente aqui um bando de nulidades. Através destes depoimentos vemos uma pessoa que tratou as pessoas que aqui encontrou com um tal amor, com uma tal reverência e cuidado, que realmente inspirou em não poucos uma completa transformação em suas vidas. É quase como se ele tivesse vindo aqui para simplesmente viver conosco, se bem que isto nada mais é do que a compaixão do Bodhisattva Avalokitesvara, que se identifica primeiramente com aqueles a quem pretende ensinar, e o Mestre Tokuda realmente parecia um brasileiro enquanto aqui esteve, dançando para além do bem e do mal, sofrendo e se alegrando com a gente, mas dentro disto havia um dragão e um elefante, símbolos do formidável praticante Zen. Será que isto já foi dito alguma vez durante esses depoimentos que se seguem? É verdade que o Mestre Tokuda foi o fator decisivo na vida de muitos, mas o que há por trás disto? Por trás disto está a grande compaixão. A compaixão por todo o povo e não somente pela elite. Os depoimentos aqui presentes atestam que Mestre Tokuda tinha uma cultura tão ampla que não precisava fazer discriminações entre povo e elite.

Essa grande compaixão não é algo que vem de graça. Mestre Tokuda provém de uma família nobre no Japão, os Igarashi, que quer dizer Cem Tempestades. Ele está completamente por dentro da grande saga dos samurais no Japão, dentro da vida dele, capaz de aguentar a pobreza ou qualquer outra coisa, num processo contínuo e inacreditável de transformação. Enquanto mostra aquele rosto carinhoso, existe por trás disto também a grande espada da sabedoria, que corta a ilusão. Quando veio para o Brasil, Mestre Tokuda era já um exímio tocador de shakuhachi (flauta de bambu), um grande acupunturista com toda uma linha de fórmulas fitoterápicas de medicina tradicional chinesa, um especialista de Yakuzen (comida medicinal chinesa) e doutor em Filosofia Budista, com toda uma vasta biblioteca sobre o Tripitaka. Fez treinamento ninja no Japão. Aberto para o Ocidente, encantou-se pelo Meister Eckhart e afirmou que virou místico cristão. Treinou com os maiores mestres japoneses, os Kodo Sawaki da vida, os Nakagawa Soen da vida, os Asahina Sogen da vida. Tudo isto formou um nobre e sólido propósito na vida de "fazer o que era mais difícil", que se cristalizou nele quando viu missionários cristãos subindo o Rio Amazonas. Também costumava dizer que o Brasil tinha bambus, e onde tinha bambu o Budismo crescia.

Mas tudo isto seria nada, se não fosse o fato de que as pessoas simplesmente sorriam com a aproximação do Mestre

Tokuda, como se este fora seu *alter ego*, ou seja, aquilo que eles deveriam ser, mas somente potencialmente. E tudo isto de preparação que o Mestre Tokuda possuía estava magistralmente oculto da vista, somente se via aquele japonês careca alegre e com um canal de comunicação direto com quem quer estivesse pela frente. Dizia o Mestre Tokuda: "Cada encontro é uma coisa preciosa". Aqui estão mais de setenta depoimentos que atestam a veracidade dessa afirmação. Que outro mestre espiritual que tenha vindo ao Ocidente pode ter a seu favor esses setenta depoimentos? A resposta é zero. Alguns depoimentos são de pessoas muito desconfiadas, como mineiros, que viam o Mestre Tokuda durante as 24 horas do dia no mosteiro ou nas clínicas fundadas por ele. Então temos aqui uma muito boa lente que nos permite ver algo assustador, algo novo, algo poderoso: um Buda vivo. Mestre Tokuda esqueceu a si mesmo e o seu *background*, fazendo um grande mergulho até a alma mesma brasileira, e olha que isto não foi fácil, vindo de um tão grande país e um tão elevado nível. Aqui no Brasil não estávamos preparados para recebê-lo adequadamente, não sabíamos como tratar uma pessoa assim, mas isto não desanimou o Mestre Tokuda, impelido que estava por ventos divinos que varreram nossas tímidas objeções se tínhamos capacidade para o Zen e a grande vida.

Depoimentos

Acely Gonçalves Hovelacque[3]

Monge Igarashi Roshi, Tokuda San, dádiva do Oriente

Monge Tokuda San é como uma árvore frondosa que emana generosidade e compaixão. É o fogo inicial, água que vivifica e o vento que semeia os ensinamentos do Buda.

Enraizado na sabedoria de seus ancestrais e bodisatvas, contribuiu para a transformação de um número incalculável de pessoas. Ao transmitir e assentar no Brasil os pilares do Zen Budismo, o Buda, o Dharma e a Sangha, germinou um legado precioso de cura e evolução.

Ancorado na meditação/Zazen, com a paciência e a alegria dos Mestres, ofereceu a muitos as primeiras noções de impermanência, dos estados mentais transitórios e da interdependência e vacuidade.

Sem dúvida, a perseverança nipônica de Tokuda San aliada à sua flexibilidade e seu humor Zen, possibilitou sua aproximação com os brasileiros. Sua grande capacidade de ouvir atentamente e se mostrar um humilde aprendiz dos outros seres contribuiu muito para ele se tornar veículo de transmissão do Dharma para tantas pessoas. Apesar do árduo início, em que os conhecimentos que transmitia eram tão distantes da nossa cultura como o próprio Oriente e, em termos de comunicação, um telefone fixo era artigo de luxo... Não há dúvida de que propiciou terreno fértil a tantos outros Mestres e ensinamentos que vieram do Oriente para a América do Sul depois dele.

Como o Budismo é eminentemente vivencial, podemos contemplar a farta colheita no percurso de sua tarefa missionária. Os benefícios de seus ensinamentos estão vivos nos mosteiros,

[3] Acely Gonçalves Hovelacque é médica clínica e homeopata, diretora clínica do Centro de Incentivo à Saúde Procurar-se em Belo Horizonte, membro do Colégio Internacional de Terapeutas de Alexandria (CIT). Com livros publicados, atua como palestrante e facilitadora de workshop.

nos Monges que ordenou, nos praticantes.

Creio que por compaixão aos sofrimentos dos humanos, por necessidade de sobrevivência da Sangha e por Dom, dedicou-se também a repassar os conhecimentos da Medicina Chinesa. Assim formou uma geração de acupunturistas, massagistas e fitoterapeutas. Ofereceu uma visão holística de saúde a tantos médicos, psicólogos e pacientes! Os profissionais de saúde praticantes que exercem seus trabalhos inspirados na bondade e sabedoria para libertação do Samsara e as pessoas que recebem seus cuidados compartilham, ainda hoje, da maravilhosa experiência desses ensinamentos.

Enfim, a riqueza do Budismo, para benefícios de todos os seres, vive nos sabores de centenas de cozinhas naturais que tiveram sua base na cozinha *shogin*, na beleza dos jardins e das obras de artes inspiradas nos sensin[4]. E especialmente no coração dos que sentaram ao seu lado, encontraram uma ponte entre a vida cotidiana ocidental e a meditação libertadora ensinada por Buda.

Como toda grande árvore, o maior legado do Monge Tokuda San não pode ser visto ou contabilizado através de seus frutos e sementes. No refúgio silencioso da sua copa, repousa na mente natural, que é impossível descrever com palavras. Mas que desperta a consciência da vacuidade, a realidade além da realidade. A natureza permanente e luminosa que Buda nos transmitiu, que nunca pode ser perdida ou achada, ganha ou roubada.

Na tradição Zen, nos ensinou Tokuda Igarashi Roshi: "O pico da montanha é o lugar que está a seus pés". Assim, com gratidão, há mais de vinte cinco anos, sentamos Zazen e praticamos a serenidade do Caminho do Meio ao seu lado e de seus Mestres, sem os limites do espaço e tempo na natureza ilimitada de Buda, para que todos os seres sencientes se vejam livres do sofrimento.

---

[4] Obras de arte inspiradas nas teorias mahayanistas da existência.

Alcio Braz Eido Soho[5]

Uma lembrança do meu Mestre

No dia da ordenação, sentindo-me incompetente para fazer votos e fazer o caminho do Monge, perguntei ao Mestre Tokuda como iria ser Monge Soto Zen sem saber recitar direito, sem ter boa memória para rituais e sabendo que sempre seria desajeitado... Ele olhou com o olhar risonho e disse, sorrindo:

"– Tudo certo, não é um problema. Qual o nome que você quer?"

"– O que o senhor quiser me dar."

Depois de escrito, explicou-me os kanjis e disse: é uma homenagem a Dogen Zenji, a Eisai Zenji e ao seu outro professor, Eido Shimano Roshi.

Depois da cerimônia, entreguei-lhe o rakusu.

Meses depois, recebo de volta um envelope mandado por ele de longe.

O rakusu com sua caligrafia registrando aquele momento e um poema curto:

mu ai tai, mu ai tai. Pode ser interpretado: nada a esperar, nada a responder.

E continuo praticando.

[5] Monge Zen ordenado em Pirenópolis-GO pelo Mestre Tokuda em 2001. Médico, psiquiatra e antropólogo, coordenador do Templo Zen do Jardim Botânico, no Rio de Janeiro-RJ.

Andréa Lanna[6]

Recebi Mestre Tokuda em BH quando eu tinha 17 anos. Sou da geração de 57, então havia muito interesse na época em estudarmos formas alternativas de consciência do corpo, de tratamentos de saúde etc. Minha família foi apresentada ao Mestre Tokuda e, através da acupuntura, ele medicou meu pai, minhas tias, amigas e, por anos, foi amigo da família, comparecendo aos almoços de fins de semana em minha casa. Inclusive em Itacoatiara, em Niterói, Tokuda esteve nos visitando.

Sempre solícito, ensinando-nos com seu constante exemplo de não julgamento, bom humor e silêncio. Depois, um tio-avô muito agradecido pela cura de minha bisavó, pois Tokuda reabilitou seus movimentos nas pernas, doou metade do terreno onde foi construído o mosteiro de Ouro Preto. Lembro-me de ter participado dessa construção, com a doação de uma grande tela para o leilão promovido pelo mosteiro Pico de Raios. Tokuda faz parte de minha formação e o tenho como amigo. Será sempre bem-vindo em nossa casa. Trago sua lembrança sempre no meu coração.

---

[6] Artista plástica, com Bacharelado em Gravura pela Escola de Belas Artes da UFMG (1982) e Mestrado em Artes Visuais e Tecnologia da Imagem pela Escola de Belas Artes da UFMG (2002). Professora do Departamento de Artes Plásticas da Escola de Belas Artes, da UFMG (1996). A pintura, o desenho, a gravura, instalações e objetos compõem o seu trabalho em arte, com diversas exposições de âmbito nacional e internacional. Em 1999, teve sua pesquisa em artes plásticas premiada com a Bolsa Virtuose, do Ministério da Cultura do Brasil, desenvolvida por seis meses na Faculdade de Belas Artes, em Barcelona, Espanha.

Anibal Ji Po[7]

Eu e Tainha éramos colegas de turma na Escola de Engenharia da UFMG e praticávamos Zazen regularmente em casa. Alguns fins de semana íamos de ônibus a São Paulo para fazer um Zazen especial dirigido a leigos e aos Monges velhos da comunidade japonesa na Escola Soto Zenshu, na Liberdade, no sábado à noite. Era um Zazen longo, de mais de uma hora, e ao final o Mestre Sokan (Ryohan Shingu) fazia um sermão interminável em japonês que nos deixava com as pernas dormentes na posição de lótus que treinávamos. Não entendíamos nada, mas era lindo pelo ritmo e pela sonoridade das palavras, mas perturbador pela circunstância. Ao final, era servido um chá com um docinho e havia uma pequena confraternização entre os participantes então relaxados.

Lembro-me bem de uma praticante meio esquisita, magrela e torta, que falava rápido e ríspido, que soltava uns barulhos sem controle no meio da roda de praticantes, que falava algumas coisas coerentes inesperadas naquela personalidade caótica; só mais tarde vim a conhecer mais de perto aquela que no final dos anos 90 se tornou um ícone na poesia paulistana, Orides Fontela.

Uma vez por ano havia um Sesshin (retiro espiritual) para os leigos, a maioria brasileiros, pelo qual esperávamos ansiosamente para efetuarmos uma prática mais intensa. Esse ano não foi agendado nenhum Sesshin e eu, de passagem por São Paulo, por conta do Zazen de sábado, inquiri ao Monge Itokawa, que cuidava da Secretaria, para quando estava previsto. Não lembro a explicação, penso que ele retrucou que esse ano sim-

[7] Anibal Ji Po (Dharma Verdadeiro), monge Zen Budista pela Escola Soto Zen, co-fundador dos Mosteiros Zen Morro da Vargem (Ibiraçu-ES) e Pico de Raios (Ouro Preto), engenheiro sanitarista/ambientalista, escritor e poeta.

plesmente não haveria. Com a minha insistência, ele falou que haveria apenas um Sesshin para Monges, e eu perguntei se poderia participar. Ele disse "é para Monges", me senti descartado, mas logo ele completou: "só se você quiser virar Monge". Eu perguntei "como faço para virar Monge"; ele falou "participando do Sesshin". Bem Zen, não deu outra, me senti encurralado, tinha que virar Monge. Sob sua orientação, encomendei o Koromo (batina de Monge Zen), paga a alguém da comunidade japonesa que a confeccionava, e voltei a São Paulo, na data marcada. Não estava entendendo nada.

Na data da ordenação, creio, me "caiu a ficha", eu estava baratinado. Não me sentia preparado. Uma foto minha da ordenação me mostra completamente transtornado. A cabeça tensa cheia de pensamentos e preocupações contradizendo meu "estado de Monge". Isto é o que me deixava aflito. Como iria convencer a alguém se a mim mesmo não convencia? Todo o peso do conhecimento adquirido sobre Zen me deixava com a cabeça inchada. Não conseguia dissolver aquela massa, a bola de neve descia ladeira abaixo, me levando de roldão. Para o abismo.

Nesse Sesshin, não sei de onde nem como nem por quê, surgiu o Monge Tokuda. Marcos Beltrão, nosso amigo, hoje também Monge, tinha um grupo de Zen no Rio (ele, Bosco, Valdo e outros, que conhecíamos de ouvir falar) e intencionava fazer um mosteiro, acho que em Petrópolis, e se referia a Tokuda reverentemente como a "O Monge". Era uma coisa meio distante e eu não tinha a menor ideia do que isto significava.

A direção do Sesshin foi entregue ao Monge Tokuda, pelo superior Shingu. Monge Tokuda deu um *show*. Pela primeira vez, eu vi um Monge Zen de verdade. Ele gritava, rosnava como um tigre, mas era Zen puro. Um Monge velho assustado caiu do tatami. Eu entrei em processo de delírios de iniciação. Ouvi o galo cantando três vezes em plena São Paulo. Ouvi tambores.

Vi uma macumba no terreiro Zen. Céus e terra se abriram. Eu, que estava possuído, fui me encontrando. Os Zazens, que eram dolorosíssimos, em sequência foram aliviando. Cada um era cada um. Havia chegado o Mestre... Ele falou: "quando o discípulo está pronto, o Mestre aparece. Quando o pinto está pronto, a galinha bica o ovo de fora e o pintinho de dentro." Nasci.

Nesse tempo, eu, Tainha e Cristiano estávamos organizando uma fazenda ecológica no Espírito Santo, uma proposta de uma comunidade Zen, mas, apesar de toda estrutura já formada, estávamos muito perdidos. Pensávamos todos em abandonar tudo e ir ao Japão atrás de um Mestre Zen. Nesse instante, o Mestre veio do Japão até nós. A montanha se moveu. Decidimos doar a fazenda para formar um mosteiro. Larguei engenharia, família, tudo. Mudamos os quatro para o Espírito Santo para fundar o Mosteiro Zen Morro da Vargem.

Assim começa a história. Que é cíclica e dá muitas voltas. Hoje somos os Monges velhos. Monge Tokuda está voltando. Trovões e relâmpagos, acendei, que lá vem vindo o Mestre!

Gasshô! Gasshô! Gasshô!...

Beatriz Tôrres de Castilho[8]

Conheci o Rev. Monge Zen Tokuda Igarashi em meados dos anos 80 no jantar beneficente promovido pela sociedade Soto Zen do Brasil, na sua sede, à rua Itapema, 19, BH.

Nesta ocasião, eu já praticava a meditação Zazen e o shiatsu que aprendi com seus discípulos.

Eu estava bastante interessada em seguir este Mestre japonês, com sua ciência oriental tão completa.

Sempre que podia, nos finais de mês, eu viajava para Ouro Preto para vivenciar os Sesshins ou Mini Sesshins ali ministrados pelo Monge e/ou seus discípulos.

Em 1989, o Monge Tokuda realizou no Mosteiro Pico de Raios, o Angô, período de treinamento de 100 dias, em regime de internato, em que foram dados cursos, palestras, práticas terapêuticas, artes marciais, meditação, trabalhos rotineiros, jardinagem e culinária. Esse encontro reuniu pessoas de vários lugares do Brasil e do mundo. E foi uma abundância de informações e práticas que trouxe a todos grandes descobertas e firmeza espiritual.

Eis o caminho do meio.

A minha vida mudou radicalmente a partir dessa rica convivência com o Mestre Tokuda. Renasci para uma vida de prática real e consciente, adquiri saúde e conhecimento e ganhei simplicidade e entusiasmo para servir, praticando este ensinamento sagrado da Escola Kan Guen Ryu.

Nesse ano de 1989, após o Angô, Tokuda San deu seu último curso de shiatsu em Ouro Preto; e no ano seguinte, 1990, em abril, Tokuda inicia em BH, o curso básico e avançado de

[8] Formada pela Escola Kan Guen Ryu, "Escola que retorna à origem", através do Instituto Nonindo. É profissional de shiatsu, acupuntura, moxabustão, fitoterapia chinesa e reflexologia. Há 18 anos, praticando, estudando e meditando.

acupuntura, seguido de auriculoterapia, moxabustão, yojô – modo de vida correto, Kampoh (principais fórmulas magistrais chinesas), Yakuzen (comida medicinal), Yakushu (elixir curativo).

Prosseguiu com o curso de Estética Oriental – saúde e beleza, acupuntura facial rejuvenescedora e fórmulas magistrais chinesas para longevidade. Esses cursos abrangeram um período de quase 10 anos, 1989 a 1998, distribuídos em módulos anuais, que ele finalizou com um grande presente de Mestre, um estudo fino do trabalho mosaico e finalmente nos deu, passo a passo, o ensinamento de: "Como criar um espaço sagrado", seu último módulo, que encerrou um longo período de aprendizagem, prática ambulatorial e profissionalizante.

Tokuda San, como é chamado aqui pelos alunos, sempre alegre e simples nos presenteava com Koans durante o Teisho. Sou grata pelos que recebi.

E aos toques evolutivos para que crescêssemos ampliando conhecimento e prática, buscando novas técnicas, pesquisando saúde e o bem viver dentro do caminho correto.

Hoje, tenho maioridade nesta prática, sempre atual, e por mais que estude com outros professores e escolas, é nesta fonte que vou buscar, dentro do meu coração, a essência, a beleza e a simplicidade que torna leve o meu caminhar pelo planeta.

Ao Rev. Monge Zen Tokuda Igarashi
Meu abraço, meu amor...
Eternamente sua discípula.
Gasshô!

Carlos Eduardo Nunes Pereira (Kako)[9]

No velho jipe de Tokuda

Dirigindo o velho jipe do Tokuda, sem capota. Com ele a meu lado, meus filhos pequenos de férias comigo no banco de trás e barracas de armar em direção a Ouro Preto para fundarmos o mosteiro. Começo dos anos oitenta.

Na escrita japonesa a linguagem é construída por ideogramas, que são conjuntos de imagens significando coisas, situações, sentimentos. Não há essa precisão de tempo real como existe na nossa linguagem. Uma cena descrita não precisa necessariamente estar no passado ou no futuro. Pode ter a expressão de um eterno presente.

Estou eu no jipe, Tokuda a meu lado, meus filhos pequenos no banco de trás em direção a Ouro Preto. O vento no rosto, a estrada tão agradável, a expectativa da chegada ao morro... Uma cena que pode significar sim esse eterno presente.

Vem-me à memória todo um tempo de procura, o primeiro encontro com Tokuda, o encontro filosófico com o Budismo e comigo mesmo. Minha geração é a dos anos sessenta e setenta. Uma geração que acreditou num mundo de paz e amor, de fraternidade universal. E esse caminho nos levou ao interesse pelo Zen, palavra que nos soava a algo mágico, misterioso, forte. Colocamos a mochila nas costas e caminhamos, dormimos muito nos *sleeping bags* e sonhamos. E como sonhamos... Jovens do mundo inteiro viajando e confraternizando, somando os conhecimentos, nos transportando a uma cultura maior, uma multicultura mais rica, mais diversa. Somatório de todas

---

[9] 59 anos de idade. Natural do Rio de Janeiro, há 25 anos morando em Ouro Preto. Fotógrafo, luthier, ceramista, pintor de bambu, bananeiras, copos-de-leite, flor de pessegueiro, de ameixeira e paisagens. Coordenador do Serviço de Saúde Mental de Ouro Preto.

as raças, de todas as músicas, de todos os mitos. O misterioso significado do silêncio, do vazio, passível de ser compreendido através de um treinamento vigoroso... Tudo isso ressoava por trás da palavra Zen, para nós.

Toda uma geração de Mestres missionários japoneses no pós-guerra se sentiu chamada a transmitir o conhecimento do Zen no Ocidente: Suzuki Roshi na Califórnia, Deshimaru na França. Muitos séculos atrás Mestres chineses migraram para o Japão nessa mesma missão e muito antes Mestres hindus migraram para a China. Mudam as culturas, mas o ensinamento é o mesmo. Tokuda é um desses Mestres transmissores.

O ser Zen é um ser que emana compaixão, amor. Aonde ele vai traz conforto a tudo que o rodeia, dá significação. Sua compreensão é tão poderosa que transforma tudo em amor, indiferente da forma como entram os pensamentos, indiferente a todo o julgamento, tudo se transforma quando passa naquele coração, e dele só emana esse puro amor. E é simultaneamente puro desprendimento, passa sem deixar rastros, assim como um vento... Algo que circula sem a nada se apegar, buscando sempre passagem, como a água. Intangível como a lua.

Prática do Zen é prática de meditação. Quando conheci Tokuda no Rio de Janeiro, eu estava passando por um profundo sofrimento existencial. Tornei-me um caçador de Sesshins, os períodos de treinamento concentrado de meditação. Esses infindos Zazens iam me transformando e eu os buscava em São Paulo, no Espírito Santo e principalmente em Minas Gerais. Vivi em Belo Horizonte um momento muito especial, um tempo puro, muito romântico. O ocaso do longo tempo da ditadura militar coincidia com um desabrochar de uma nova consciência, uma grande esperança parecia brotar das esquinas da cidade, ainda pequena, ainda pacata. Tempos do restaurante Alquimia, da Clínica, do Centro Zen no Anchieta e depois na Andaluzita. Tokuda trouxe a nós, ainda bem jovens, maravilhosos conhecimentos da medicina chinesa, e generosamente ensinou a todos. Muitos se tornaram bons Mestres nessas artes. E toda a elegante cultura japonesa em que o Zen tem especial posição nos parecia vir junto com a prática dos Zazens. Tudo isso combinava muito com as maravilhosas paisagens mineiras, suas cachoeiras, vegetação, infinitas montanhas, o mar de nuvens...

Quando Tokuda chegou à cidade de São Paulo, em 1969, tinha acabado de fazer 30 anos. Havia fila de Monges no Japão para serem missionários nos Estados Unidos ou Europa. Para o Brasil não havia nenhum candidato. Só ele. E teve que esperar um longo tempo até receber a autorização brasileira. E por que essa vontade? Mesmo em São Paulo, teve que romper a bolha do Pequeno Japão no bairro da Liberdade para finalmente nos encontrar, nós brasileiros sortudos. Ele, que até o início da idade adulta queria seguir a carreira militar na aeronáutica. Acometido de um enorme sofrimento existencial (olha ele aí de novo), buscou no treinamento Zen alívio, primeiramente na linha Rinzai e em seguida na Soto Zen. Um sofrimento tão forte que o fazia ficar horas sentado no meio daqueles rios rasinhos do Japão, de frente para a corrente com a água passando na altura do *hara*, desejando que ela levasse dele aquele sofrimento. Como, em tão pouco tempo, alcançou tanto conhecimento?

A grande herança do Buda histórico ocorre no momento do seu desencarne. Quando perguntado sobre quem seria seu sucessor, ele responde: "– Na Sangha, na comunidade, na união dos discípulos, no relacionamento entre vocês, encontrarão a mim, o Buda. Também o Dharma, o meu ensinamento e encontrarão a vocês mesmos". No Budismo, a dependência excessiva a um líder carismático não se justifica. Tudo vai depender do esforço de cada um, da força de nossa procura. E dos bons encontros.

Gautama Buda também alcançou a iluminação depois de muito sofrimento, de muita busca. A disciplina da meditação é um grande canal de aprendizado. Por mais fraquinho que me julgue nessa prática, considero que foi o mais rentável investimento da minha vida. Foi e é, e eternamente será. Como Tokuda gostava de dizer: "– No meu açougue só tem carne de primeira".

No velho jipe de Tokuda. O vento no rosto, a caminho de Ouro Preto...

Ouro Preto, fevereiro 2008.

Cecilia Eiko Fujiwara[10]

Quando penso no Mestre Tokuda e nos dois anos que passei no mosteiro Serra do Trovão em Lavras Novas-MG, onde tive oportunidade de praticar ao seu lado, a única coisa que me vem é...

"Pannnnnnnnnnn
Pannnnnnnnnn
Pannnnnnnnnnnnnnn"

O som dos sinos ecoa em minha mente até hoje...

Além disso, sinto em minha pele a brisa fresca vinda daquelas magníficas árvores.

Quando fecho os olhos vejo centenas de vaga-lumes brincando na escuridão da noite.

E ainda hoje, se respiro mais fundo, sinto o aroma da terra molhada pelas águas cristalinas daqueles riachos.

Acho que Mestre Tokuda para mim é tudo isso, está presente em tudo e não está...

Assim foi minha relação com ele... presente e ausente... ausente e presente.

[10] 48 anos, residente por dois anos no Mosteiro Serra do Trovão em Lavras Novas, recebi ordenação no ano de 2000, nome: Tenpo Seikan.

Clarice Pacheco[11]

Tributo ao Mestre Tokuda

Em 1992, quando conheci o Mestre eu já tinha uma prática espiritual de meditação em Siddha Yoga. Assim, uma vez que eu já estava em prática espiritual com orientação de um Mestre vivo capaz de despertar a energia interior de meditação do discípulo, minha aproximação aconteceu por motivos diferentes da busca espiritual.

O encontro aconteceu na então denominada "Casa Amarela" – o Templo Zen Budista de Copacabana situado na Rua Saint Roman, nº 16; subida da favela do Pavão e Pavãozinho. Recomendada por amigos mineiros (Napoleão e Patrícia), ali cheguei em busca de uma cura para males orgânicos. Provocado por problemas de ambiente de trabalho insalubre, tanto emocional como fisicamente, meu corpo ficou doente. Tinha intensas dores estomacais provocadas por gastrite e, uma vez que o médico aconselhou uma operação, esses amigos sugeriram que deveria procurar outro tipo de tratamento mais eficaz e que não me deixasse lesões. Recomendaram que eu fosse até o Templo e procurasse por Marcos Beltrão para tratar-me com acupuntura.

Talvez por minha cética formação científica, quando conheci o que era a medicina chinesa fiquei tão maravilhada que, não só quis me tratar, como também resolvi aprender e aprofundar-me nesse conhecimento tão fascinante.

É como dizem: – Quando o discípulo está pronto, o Mestre aparece! E assim foi, comecei a ter aulas sobre tudo aquilo que estava acontecendo dentro de meu corpo, o motivo da doença, o tratamento e a cura. Acontecia ao mesmo tempo. En-

[11] Engenheira química formada em 1970 e mestre em engenharia de meio ambiente desde 1979. Exerci minha profissão desde que me formei até 1997, quando me aposentei por insalubridade e periculosidade.

quanto me curava, aprendia sobre a cura e como tratar outras pessoas com aulas sobre shiatsu e acupuntura ensinadas por Marcos Beltrão (discípulo de Tokuda), meu terapeuta e professor. Vendo o resultado do meu tratamento, meus parentes e amigos próximos também começaram a se tratar com Marcos. Naquela época acupuntura era um "tratamento alternativo" e poucas pessoas tinham acesso.

Assim foi por algum tempo até que foi anunciada a chegada do Mestre Tokuda. A reverência que Marcos e alguns outros discípulos mostravam em relação a ele era tão grande que fiquei um pouco assustada. Pensava como seria esse Mestre japonês que chegaria ao Brasil para dar palestras sobre meditação no Templo e também para dar um curso sobre Kampoh em Belo Horizonte. Marcos Beltrão, que havia me curado e me iniciado no conhecimento de acupuntura, proclamou que o Mestre que iria chegar foi quem lhe ensinou tudo que ele sabia.

Até então eu já estava recomendada a começar uma experiência prática atendendo pacientes na Casa Amarela. Mas, segundo Marcos, eu deveria primeiro aplicar o que havia aprendido em seu Mestre que ia chegar. Era um pré-requisito. Não é difícil imaginar como fiquei aterrorizada ao saber que meu teste seria esse. Mas havia um ensinamento primordial naquele aprendizado – a prática da coragem e da obediência. Parece que estou falando de coisas óbvias, mas, voltando no tempo, para uma engenheira que só tinha aplicado shiatsu e acupuntura nas(os) colegas de curso e na presença do Professor Marcos, aquela tarefa parecia por demais audaciosa.

Chegou o dia da chegada do Mestre Tokuda! Não tão assustador como havia imaginado. Ele era humilde, disciplinado e falava português. Dizia palestras que condiziam com meu aprendizado sobre meditação e transformação do ser humano em um ser mais elevado. Realmente, tudo que Marcos dissera que ele era se comprovou. Mas comprovaram-se também uma simplicidade e um saber fascinantes. Isso foi o que me encorajou a marcar a tão esperada (e ainda temida!) sessão de shiatsu e acupuntura no Mestre Tokuda. Ele foi de uma generosidade inacreditável; seu acolhimento durante a sessão me tornou corajosa e confiante no que eu havia aprendido.

Assim aconteceu, de maneira harmoniosa e tranquila, minha primeira prática de acupuntura. Ele aceitou meu shiatsu e aprovou os pontos e a maneira como eu colocava a agulha. Naquele dia, ele, com seu amor e acolhimento, me estimulou a dar continuidade aos meus estudos e prática de acupuntura. Comecei a tratar pacientes na Casa Amarela. Fui a Belo Horizonte fazer com ele cursos sobre Kampoh.

Dessa maneira, entrei em outro mundo de conhecimento, a ponto de não fazer mais sentido o saber em que eu havia investido tantos anos na área científica. Tudo que a engenharia praticava, e vejo que pratica até hoje mesmo no campo de meio ambiente, é distante do que aprendo com estes Mestres sobre a completude, sobre nossa interação com o meio ambiente, sobre nossa possibilidade de evoluir como seres humanos dentro de conceitos totalmente diversos do que a ciência alcança e proclama. Então, a engenharia se tornou obsoleta diante de tal verdade. Mas isto gerou em mim uma inquietação por estar desprezando anos de investimento num conhecimento que custou muito do esforço meu e de meus pais para alcançar a graduação em engenharia e, depois, pós-graduação em meio ambiente nos Estados Unidos.

Em 1996, uma de minhas clientes de acupuntura, amiga e colega de trabalho, ciente de meu incômodo, convidou-me para estudar Feng Shui em Londres, para onde ela havia se mudado. Aposentei-me e, com o dinheiro do Fundo, fui em busca de um conhecimento que pudesse aproveitar os dois saberes. Assim conheci Feng Shui e, no aprofundamento de meus estudos, conheci o Monge Lin Yun, que trouxe ao Brasil em maio de 1997 para ministrar um Curso no Hotel Marina Palace, Rio. Foi um evento muito próspero em que tivemos 250 pessoas aprendendo sobre Feng Shui para aplicar em suas casas, em projetos de arquitetura de interiores, exteriores, jardins etc.

Trabalhei anos com projetos de Feng Shui. Embora sem mais contato com Marcos ou Mestre Tokuda devido à minha ocupação com Feng Shui, lembrei-me daquela época em que o Mestre Tokuda ensinava que, embora estivéssemos aprendendo um conhecimento milenar como é a acupuntura, isto não justificava ficarmos à parte do desenvolvimento tecnológico e, por isso devíamos aprender e usar a tecnologia do computador e seus benefícios. Criei uma página na Internet que divulgou Feng Shui para todo o mundo porque era traduzida para o inglês. Minha intenção era que as pessoas tornassem seus ambientes harmônicos para terem maior facilidade de praticar atividades e atitudes pacíficas para si mesmas e demais pessoas à sua volta. Através de e-mails que recebia, fiquei ciente de que várias pessoas no mundo leram a página, fizeram as aulas que estavam disponíveis na Internet e aplicaram Feng Shui.

Aqui inicio minha exaltação explícita ao Mestre Tokuda e ao seu discípulo Marcos Beltrão que, através desse saber, espalham e asseguram aos seus discípulos um conhecimento valioso. Eles não só proporcionam a cura aos seus pacientes, mas transformam pessoas em seres humanos que descobrem suas potencialidades de contribuição para uma convivência harmoniosa, amorosa e possível neste planeta. Obrigada por tal atitude! Obrigada por permanecerem com tal atitude que beneficia tanta gente.

Terminando meu depoimento, incluo uma experiência que também confirma a atitude de aprendizado constante que vi no Mestre Tokuda quando ele, chegando à Casa Amarela e, mesmo tendo o conhecimento que já tinha sobre acupuntura, mostrou que o estudo nunca termina. Ele trouxe consigo uma coleção de periódicos e livros escritos em japonês, os quais estudava com disciplina invariável.

Assim, vou falar de minha ainda existente inquietação, quando me inscrevi para doutorado em Saúde Pública na Escola Nacional de Saúde Pública (FioCruz, RJ). No início de 2004 ali fui aceita para o doutorado com uma proposta de projeto sobre Autoconhecimento e Saúde, na qual eu sugeria desenvolver uma visão de Saúde que não limitasse o ser humano aos existentes diagnósticos e tratamentos que não levam em consideração sua possibilidade de autocura. Era uma possibilidade de alcance de Saúde através de saberes que ele desconhece sobre sua própria característica como um ser de natureza espiritual, que vai além dos conceitos apenas materiais sobre os sujeitos. Mas sobre essa experiência ainda me encontro em impasse diante da Saúde Pública. Vejo que ela não admite tais conceitos em suas academias de ensino, onde o conhecimento ainda é limitado aos princípios materialistas de visão sobre o ser humano. A academia me fez desistir porque ela não abre espaço para uma nova investigação que qualifica como não-científica. Mesmo diante de uma proposta de investigação que poderia contribuir para a Saúde, uma Escola Nacional de Saúde Pública veta ao meio acadêmico a possibilidade de um outro enfoque, uma outra perspectiva que não seja condizente com a existente, considerada científica e justificada da seguinte maneira: é científico aquilo que, repetido igualmente e sem variações, gera efeitos invariáveis nos sujeitos.

Mais uma vez confirmo meu tributo ao saber, à vontade e à coragem de Mestre Tokuda, que não desiste, encontra caminhos e maneiras de expandir e divulgar o que sabe e, continuamente aprofunda seus conhecimentos para benefício da humanidade. Com Ryotan Tokuda e com Marcos Beltrão aprendi que essa é a escolha e a tarefa de um Monge Budista.

Obrigada!

Denise Dessaune[12]

Um pouco depois de ter voltado do México, onde vivi por aproximadamente cinco anos fazendo minha formação em análise reichiana, conheci, através de Lenita, em Belo Horizonte, o Monge Tokuda. Isso foi no ano de 1983.

De lá em diante, tivemos muitos encontros marcantes, mas para mim, pessoalmente, dois me emocionaram e me marcaram de uma maneira que me fizeram e me fazem sentir definitivamente ligada a ele e ao Zen Budismo, mesmo sem ter estabelecido uma relação de Mestre/discípulo. As duas situações foram quando Tokuda batizou minha filha Julia, no Centro Zen de Copacabana, em 1996, e quando inaugurou o Templo Sen Guen Olhos D'Água, em 1999, na minha fazenda no Sul de Minas Gerais. Esses são momentos que guardo como relíquias na minha memória e que alimentam minha alma e afagam meu coração.

Mas houve muitos outros momentos queridos, como o Sesshin em Ouro Preto, a ordenação de amigos, cursos de Yakuzen na fazenda, com direito a um banquete dos Budas no meu aniversário, muitas sessões de shiastu e acupuntura e muitos outros momentos de alegria e aprendizagem no período em que ele morou na nossa casa no Rio.

O que sempre me encantou no Tokuda foi a sua disponibilidade para se entregar às novas experiências.

Assim, me lembro bem do seu desejo de saber sobre a psicoterapia reichiana, inclusive chegando a fazer algumas sessões comigo e com um amigo psicoterapeuta reichiano, Eugênio Marer.

Divertimo-nos com o trabalho de cócegas usado para de-

[12] Psicóloga, analista reichiana, coordenadora do Instituto de Formação e Pesquisa W. Reich, supervisora técnica da ONG Ação Social Reichiana.

sorganizar os padrões corporais... Essa possibilidade de trocas de conhecimentos e de papéis, de professor, aluno, terapeuta, paciente, hóspede, amigo, Monge, talvez tenha sido a principal característica da nossa relação.

No entanto, a humanidade, talvez seja a característica que mais encanta no Monge Tokuda e é nela, creio eu, que ele se fez e se faz tão especial para tantos.

Obrigada por ter tido o privilégio de conhecê-lo e conviver com você.

Gasshô!

Dôra Bragança[13]

Pensar sobre a importância de Tokuda San, para mim, me emociona!!!

É como um Koan, possui um significado muito amplo! Não há palavras para dizer.

Com o conhecer, conviver com Tokuda San desde os 16 anos foi um grande presente. Ele nos trouxe a cultura oriental, a Medicina Oriental de forma pura, ampla e digna.

E quando eu penetrei no além do tempo e do espaço, ele esteve presente, me acolheu como pai, amigo e Mestre.

Agradeço a Deus, a Buda, a Jesus Cristo, a todos os Mestres, esse presente maravilhoso que tive a oportunidade de receber e peço a eles que o protejam e o iluminem para sempre em todas as vivências em todas as formas.

Tokuda San me orientou quanto à prática monástica da meditação, um dos caminhos para o DHARMA, para o BUDA.

Para "nós" a via de maior importância em nossas vidas.

Toda essa vivência com Tokuda San contribuiu para desenvolver o que sou hoje.

Com eterna gratidão.

[13] Médica, clínica geral, trabalha com medicina oriental, homeopatia, antroposofia, psicanálise junguiana e reichiana, cantora, violeira e proprietária da hospedaria Ananda Matutu – projeto autossustentável.

Eduardo Fajardo Soares[14]

Tokuda San, que tive o privilégio em conhecer num inesperado Sesshin de carnaval em São Paulo, em 1981, e conviver em retiros espirituais – fatos decididamente marcantes em minha vida, que se divide entre antes e depois de conhecer o Zen – é o que, na minha humilde opinião, eu chamo de Mestre.

Firme, surpreendente e humano como devem ser os Mestres verdadeiros. Curiosamente, ou tudo a ver, me tornei mais cristão, e passei a conhecer e entender mais a nossa Bíblia após o contato com o Zen, não só pela sua intrínseca compreensão e revelação, mas porque o Mestre Zen Budista era um apaixonado por São Francisco, inclusive por sua figura mítica, numa clara demonstração de sua visão aberta e dialética.

Além do mais, como um Mestre que se insere no seu contexto, demonstrava um típico humor e o "jeitão" muito descansado dos brasileiros, quando, por exemplo, a caminho de um Sesshin de final de semana, ainda amanhecendo na cidadezinha em que paramos para lanchar, não pensou duas vezes e atacou uns bolinhos fritos e café super adoçado de um boteco muito pobre, para ojeriza dos exércitos dos "naturebas". Ou então, no mesmo Sesshin, após o Samu (trabalho coletivo), na hora de sua prevista, digamos, homilia, desapareceu e só foi encontrado em cima de um pé de jaboticabas se deliciando com aquelas frutas exóticas, para ele. Isso sem falar das cachaças que tomou com seus discípulos após outro Sesshin. Tudo sob nosso espanto de discípulos querendo ser mais fundamentalistas do que os fundamentos.

Mas o que mais me chamava a atenção, a percepção e fazia

[14] Arquiteto integrante da equipe de planejadores da UFMG; Coordenador adjunto do Programa de Arquitetura Pública da Escola de Arquitetura da UFMG. Presidente do Sindicato de Arquitetura de Minas Gerais e militante juramentado pelas causas sociais.

crescer sua estatura de Mestre era a maneira magnífica como se assentava nas meditações, envolto na negritude de seu manto, rijo e firme no chão como uma pedra (de basalto?), sereno e leve como o despertar de uma flor.

Eduardo Tagliaferri[15]

Gratidão

Quando algo de venturoso nos acontece, agradeçamos a Deus, sem cuja permissão nada se faz, a Buda e a todos os Bodhisattvas que foram os agentes da sua vontade.

É com este sentimento que vivencio Mestre Tokuda.

No primeiro semestre de 1978, em uma viagem a Ouro Preto acompanhando a fotógrafa Rosangela Alves de Oliveira[16] em um trabalho humanístico, pela primeira vez ouvi falar no Mestre. Ela estava sendo tratada com acupuntura e me incentivou a procurá-lo.

Logo em seguida, já estava também em tratamento com ele na clinica Mestre Philippe de Lyon, em Belo Horizonte, dirigida pelo cardiologista/homeopata Dr. Paulo Roberto Dias de Barros. Começou aí então nossa convivência.

Depois Tokuda fundou o instituto de medicina chinesa Vitória Régia, também em Belo Horizonte. Certo dia minha consulta foi marcada para as 18 horas. No final ouvi o bater de um sino e perguntei, curioso, a ele o que era aquilo. Ele disse: "É o chamado para meditação noturna". Perguntei o que era então. Ele respondeu: "Vá e sente numa almofada que estiver vazia". Fui e fiquei.

A partir daí continuei com o tratamento e também iniciei o treinamento Zen. Tive a oportunidade de, junto com ele, desenvolver o projeto arquitetônico do Mosteiro Zen Pico de Raios, em Ouro Preto, e o início do Mosteiro da Várzea do Lobo,

---

[15] Engenheiro arquiteto pela UFMG, com especialização em urbanismo. Técnico da Fundação João Pinheiro de 1975 a 1998. Atualmente, exerce atividade profissional em escritório próprio.

[16] Tokuda sempre me perguntava sobre Rosângela e dizia que nós devemos ser eternamente gratos por aquelas pessoas que nos dão a direção de alguma coisa em nossas vidas.

em Pirenópolis.

Foram vários retiros (Sesshins), encontros, palestras, convivência, respeito e amizade. Inúmeras situações maravilhosas. Verdadeiros Koans. Cito apenas um: em um Sesshin em Macacos, na hora dedicada ao trabalho (Samu), eu limpava os jardins e a varanda onde o Mestre se encontrava preparando a palestra que ia acontecer após os trabalhos. Diante de um belo vaso todo florido que se encontrava dependurado, o chão estava cheio de flores. Hesitei em varrer. Contornei as flores do chão e não as varri. Em silêncio, com cuidado e carinho Mestre Tokuda levantou de seu lugar, tomou a vassoura de minhas mãos, varreu as flores que estavam no chão e logo em seguida deu um leve balanço no vaso e novas flores caíram e cobriram novamente o chão. Entregou-me a vassoura e em silêncio voltou ao seu trabalho.

Tenho a honra e a alegria de tê-lo sempre em meu coração.

Seus ensinamentos são luzes que nos direcionam até hoje.

Seu discípulo Dudu, como carinhosamente se dirige a mim.

Egídia Corvalan Pequignot[17]

O Encontro que fez diferença na minha vida

Em dezembro de 1990, a professora de Yoga Maria Augusta Cavalcanti convidou-me para um jantar em sua casa no Rio de Janeiro, com a finalidade de conhecer o Monge Tokuda e ter contato com a sua sabedoria.

Nessa época, morava na cidade de São Paulo, e senti muito interesse em participar desse jantar para ter a oportunidade de estar junto a essa pessoa de quem Maria Augusta comentava tanto a sabedoria e o elevado grau espiritual.

Programei-me junto com meu marido, João Luís, para virmos a esse encontro, mas no dia surgiu um imprevisto, e não foi possível estarmos no Rio de Janeiro, ficando registrada, no meu íntimo, a vontade de conhecê-lo.

Para minha grande surpresa, logo em seguida, Maria Augusta me passou informações de que o Monge Tokuda daria um curso de Medicina Chinesa para um grupo de 20 pessoas, e que este seria o último grupo em formação pelo Monge Tokuda no Brasil. Nessa época, já havia três anos que eu saíra da área de economia no meio empresarial, estava trabalhando e estudando com um grupo de médicos homeopatas; encontrava-me apaixonada por esse conhecimento, da ação e reação através das nossas emoções. Ela me disse: “essa é a hora”, convidou-me para fazer o curso que seria a única oportunidade que teria aqui no Brasil. E o mais maravilhoso dessa história foi que ga-

[17] Formação em Medicina Chinesa com o Monge Tokuda. A partir de abril/1993, estudo e pesquisas em grupo sob coordenação do Monge Marcos Beltrão; trabalhos realizados na comunidade do Pavãozinho; e atendendo pacientes na Casa Amarela na ladeira Saint Roman, Copacabana, RJ. Após a minha formação em Medicina Chinesa com o Monge Tokuda, formei-me em várias outras técnicas, como a terapia Crânio Sacro pelo The Upledger Institute – Flórida, EUA, no período de 03/1997 a 08/1998.

nhei o pagamento do curso da minha querida sogra Maria Augusta. A partir daí, minha vida fez a diferença.

No dia 02 de fevereiro de 1991, primeiro dia de aula do módulo um, tive o primeiro contato com o Monge Tokuda, daí nascendo três paixões:

– A primeira: pela pessoa do Monge Tokuda; a segunda pela sua sabedoria; e a terceira pela matéria de Medicina Chinesa.

Desde o primeiro instante da aula, fomos recebendo informações numa linguagem tão diferente daquela que nós, ocidentais, estamos acostumados através da medicina tradicional, cuja visão é restrita somente à parte enferma do corpo. E o que estávamos ouvindo e compreendendo com o Monge Tokuda é de que o corpo humano está interrelacionado com o todo, que é a famosa teoria dos cincos elementos, o raciocínio básico da Medicina Chinesa.

Nesse momento, minha vida mudou radicalmente, porque me apaixonei por esse conhecimento e desde os primeiros instantes senti que essa era a profissão que o meu ser estava buscando havia três anos.

É claro que não foi fácil fazer esse curso: morava e trabalhava na cidade de São Paulo, e os dois primeiros módulos foram realizados no Rio de Janeiro; além disso, o próprio estudo não exige da gente somente o conhecimento fisiológico, mas também uma grande transformação interior, principalmente em dois pontos fundamentais, estar de forma total e com verdadeira compaixão, para cada paciente.

É nesse ponto, principalmente, que quero falar o quão precioso foi ter conhecido, estudado e convivido um pouco com o Monge Tokuda – o qual fez uma grande diferença –, porque não foi só uma mudança profissional, mas, também, a oportunidade que essa profissão me deu, de me conhecer melhor através de cada paciente a cada dia, gerando momentos felizes por poder ajudar a humanidade e outros momentos angustiantes por perceber o quanto ainda preciso evoluir nos estudos e no meu ser como humano.

Haja meditação!

E haja busca de equilíbrio para estar bem consigo mesmo...

Neste momento, estou na fase de rir muito, abraçar muito, está maravilhoso, e – é claro – trabalhando muito com acupuntura.

Obrigada, Monge Tokuda, por passar para nós sua sabedoria de longos anos de estudos e experiências! E sinto-me privilegiada pelo mundo divino, por ter tido esta oportunidade de fazer parte da época da transição planetária com essa profissão.

Obrigada, Monge Tokuda, com certeza é um dos maiores colaboradores dessa transição.

Elcio Lucas Shoun[18]

A preciosa oportunidade do primeiro contato com o Zen Budismo e a sorte de poder vir a praticar com o Mestre Tokuda, devo-a a um casual problema de saúde: por volta de 1979, uma crise aguda de apendicite me fez buscar tratamento alternativo em Belo Horizonte na Clínica Vitória Régia, uma verdadeira escola de medicina chinesa sob a direção do até então para mim desconhecido Monge Tokuda. Poucas semanas após, já com a saúde restabelecida, o acupunturista Vinícius Athayde convidou-me para uma sessão de meditação em uma sala de yoga na Rua Sergipe. Terminado o período de Zazen, o Mestre Tokuda teceu alguns comentários sobre assuntos muito próximos à realidade que então eu vivia, o que me fez retornar à minha casa pensativo com o que escutara.

Naquela época, um grupo de prática Zen se reunia às quintas-feiras na Vitória Régia. Passei a frequentá-lo. Em alguns finais de semana prolongados por feriados, íamos para Sesshins no sítio da Dôra Bragança, na Serra da Moeda. Durante um dos períodos de Samu, desajeitadamente nos esforçávamos por retirar a vegetação que crescera nos arredores da casa com o auxílio de enxadas, ancinhos ou mesmo com as próprias mãos. Foi quando o Monge Tokuda, que ali conosco trabalhava, nos disse algo assim: “Enquanto fazemos a limpeza deste quintal, é a nossa própria mente que está sendo limpa”. Mesmo não tendo alcançado a real dimensão de suas palavras, esse tipo de coesão – prática e filosofia uma só coisa – fez crescer em mim a

[18] Monge Zen ordenado pelo Mestre Tokuda Igarashi. Membro do corpo docente do Mestrado em Letras na Universidade Estadual de Montes Claros. É professor na Funorte e Unipac. Compositor, tem músicas gravadas pelo Grupo Raízes, Rogéria Roltz e Aline Mendonça. Dirige o Centro Zen Komyoji, em Montes Claros-MG.

certeza de que havia encontrado um Mestre e um caminho a seguir.

O estilo desse Grande Mestre Zen sempre primou pela leveza e bom humor, sem perder a firmeza. Em um desses retiros na Moeda, aproveitando o tempo livre, alguns praticantes apinhavam-se na jabuticabeira carregadinha defronte à sede. De repente, ouvimos um brado alegre vindo lá da porta da casa: "– Macaquitos! Macaquitos!". Era o Monge Tokuda, que imediatamente veio se juntar a nós a saborear os deliciosos frutos. A sua simplicidade no convívio em meio à Sangha enfatiza o valor do homem comum, sem fazer disto um discurso, mas uma prática.

Muitos anos depois, em um Sesshin organizado em 1992 pelo praticante João Bosco em Nova Friburgo-RJ, antes do término da cerimônia matinal o Mestre Tokuda quebrou o protocolo e passou a recitar um poema em japonês. Aquilo para nós foi inesperado e os sons de suas palavras transmitiam uma intensa força interior na apreensão do momento mesmo em que eram proferidos. Creio que todos os que ali estavam ficaram eletrizados. A recitação durou apenas alguns minutos, mas foi suficiente para percebermos que algo muito especial havia sido dito, só não sabíamos o quê. No intervalo livre entre o desjejum e as outras atividades da programação, sentados na área externa sob o sol serrano no alto do Caledônia, solicitei ao Mestre Tokuda que traduzisse para nós as palavras que ele havia proferido na cerimônia daquela manhã. Copiei-as. São as seguintes:

"As neblinas e garoas acariciam seus rostos. Águas límpidas, cristalinas purificam nossas mentes. Aqui no mosteiro Zen Maha-Muni é difícil chegar barulhos e poeiras do mundo.

Agora, depois de três dias de Sesshin, neste momento precioso, como pode expressar nosso estado de Zen?

LO (está manifestado em tudo, não esconde nada).

Água naturalmente flui sem obstáculos, mas também é preciso saber que ela tem capacidade de subir ao céu e tornar-se nuvem de novo.

Os irmãos de nuvens e águas voam e fluem ao mundo, e ele já espera há muito tempo por vocês. E ele já espera há muito tempo por vocês."

Curvo-me em reverência ao Mestre Tokuda, como expressão de minha profunda gratidão pelos seus preciosos ensinamentos e transmissão entre nós, brasileiros, do correto e puro caminho budista.

Elvira Keishin[19]

Nesta incessante busca de alguma coisa que não sabemos ao certo exatamente o que é, depois de ter conhecido e frequentado tantos espaços bons e interessantes, conheci o Zen. Na época, 14 anos atrás, mudei do interior da Bahia onde morava para o Recife. O motivo da mudança, entre outras coisas, era vivenciar a meditação; eu tinha essa grande vontade interior de meditar. Perguntei, procurei por quase dois anos um lugar onde eu pudesse meditar, nada, ninguém conhecia. A minha primeira experiência foi muito marcante e profunda, nunca tinha vivenciado nada parecido. Lá estava eu em frente a uma parede imóvel, sentindo dor até na alma; nesse instante eu tive certeza que era isso o que eu queria. A partir desse momento escolhi esta prática. Não tinha conhecimento algum sobre o que era o Zen, pouco estava interessada nesses detalhes. Foi após um ano que comecei a mergulhar em leituras afins.

Pouco tempo após essa experiência tive o meu primeiro contato com Mestre Tokuda. Foi em Pedra do Tão durante um Dokusan; eu nem sabia o que isso significava. Quando fiquei frente a ele fui invadida por um sentimento que está além das palavras. A noite era fria e o vento uivava fora, provocando um som singular nas árvores, e eu impressionada com aquela figura imponente, enorme sentada em Zazen, na penumbra no quarto de entrevistas, e eu na sua frente. Saí atônita! Como podia ter crescido dessa forma?

---

[19] Nascida na Bolívia, reside no Brasil desde 1974. É casada com um pernambucano e tem dois filhos. Formada em 1980 em odontologia pela FOP do Recife, trabalha na área de Auditoria em Odontologia. Seu primeiro contato com o Zen foi em 1998 através da Monja Ivone Jisho, quando começou sua prática. Pratica artes marciais e foi ordenada Monja Zen pelo Mestre Tokuda em julho de 2008 no mosteiro Eisho-ji, em Pirenópolis/GO.

O resultado do Dokusan, na época pouco compreendi. Na verdade foi após vários anos, após muita reflexão que tive a compreensão da mensagem. Acho que ele já sabia que o meu caminho era este mesmo.

Passou o tempo e eu, não sei por que motivo, não tinha coragem de pedir para ele ser meu orientador espiritual, até que numa oportunidade que ele esteve em Recife em uma cerimônia, tive a experiência da alegria do Dharma na minha vida. Só lamento não ter podido conviver mais com ele. Não ter bebido mais da fonte, não ter tido méritos para isso.

Posso afirmar que vislumbrar o caminho e conhecer o meu Mestre foram as coisas mais importantes da minha vida.

Meus agradecimentos, carinho e admiração ao meu Mestre Ryotan Tokuda Igarashi

Outono de 2008, Recife – Pernambuco

Elza Ramalho[20]

Era 1991 ou 92?

Um homem sentado numa pedra com a cabeça careca reluzente no sol a pino, no alto de uma montanha em Ouro Preto, num pequeno mosteiro em construção de pedra, o Pico de Raios.

Jovem, velho?

Sem idade...

Impressão que causa?

Curiosidade!

De onde veio?

Veste roupas simples, confortáveis.

Olhou para mim, olhou para a paisagem, se levantou e sumiu por trás da parede do mosteiro.

Quem era?

Tokuda?

Meus olhos nunca tinham visto alguém assim antes...

Senta, trabalha, senta novamente e ouve os sons da terra, da água, no silêncio, todos os dias, sempre.

Hoje, sentar na calma, fazer Zazen e simplesmente observar a respiração que entra e sai, em postura ereta, me faz um bem enorme. Indescritível.

Quando começou?

Com quem? Quem me ensinou a sentar assim?

Agradeço-te profundamente e te reverencio.

Querido Tokuda.

Gasshô.

---

[20] Professora de artes aposentada pela Secretaria de Educação do Distrito Federal. Trabalha como realizadora de filmes, vídeos e dvds. Ocasionalmente, ministra aulas de Tai Chi Chuan.

Evaldo Macedo Pinheiro[21]

Sou natural de Belo Horizonte. Em 1977 comecei meu trabalho como acupunturista nesta cidade, talvez na primeira clínica de terapias alternativas: homeopatia (ainda não reconhecida como especialidade médica), Yoga, massagem, psicoterapia, terapia artística e acupuntura. Chamava Clinica Philippe – homenagem ao Mestre Philippe de Lyon –, foi criada pelo médico homeopata Paulo Roberto Dias de Barros, que na época também praticava acupuntura e com quem comecei a trabalhar.

No mês de janeiro de 1978 fui chamado para fazer um atendimento a um paciente que estava com câncer. Cheguei à casa dele e lá estava o Monge Tokuda, que já conhecia de nome. Estava lá para a mesma função para que me haviam chamado. Nesse primeiro contato muito me impressionou, pois sabendo ele que os familiares haviam me chamado primeiro, imediatamente falou que era para eu fazer o atendimento. Estava começando minha carreira, agradeci e pedi que ele o fizesse, mas que gostaria de poder acompanhar seu procedimento, com o que ele concordou. E muito me impressionou o seu cuidado, no perguntar, no tocar, no respeito com o ser humano enfermo, sua precisão ao inserir as agulhas e a alegria de sua alma que transmitia diretamente para aquele ser acamado e cansado, dando a ele momentos de paz e alegria que aos poucos apareciam em seu semblante.

Saímos de lá juntos e ele me disse que, antes de fazer esse

[21] Acupunturista, com 30 anos de experiência, de base autodidata, tendo formação em cursos ministrados por: Monge Tokuda – duração de 3 anos, Isao Yamamura – SP – duração de 2 anos. Formação em Medicina Chinesa num convênio firmado pela IMAM - Instituto Mineiro de Acupuntura e Massagem e pela Beijing University and College of Traditional Chinese Medicine – duração de 5 anos.

atendimento, havia conversado com médico dono de uma clínica e que começaria a atender lá depois das férias coletivas – e por coincidência era a Clínica Philippe. Fiquei, confesso, um pouco assustado com a notícia, pois achei que perderia meu lugar, mas, à tarde, o Paulo me ligou dizendo aquilo que já sabia, mas que continuaríamos fazendo nosso trabalho.

Quando as atividades da clínica reiniciaram tentei uma aproximação com objetivo de poder ampliar meus conhecimentos. Inicialmente ele não permitiu, pois estava esperando um Monge que iria chegar para trabalhar junto a ele, havia uma preferência por alguém que fosse praticante do Budismo. O tempo foi passando, essa pessoa não apareceu, seu trabalho foi aumentando, tinha dificuldade de preparar o Kampoh (pacotes com as ervas), me prontifiquei a ajudá-lo nessa função de preparar as fórmulas, o que comecei a fazer e junto fui consertando suas ferramentas de corte que não andavam bem. Nessa época conseguir agulhas não era fácil e o Monge tinha muitas agulhas, da melhor marca japonesa, com pequenos defeitos. Passei a recuperar suas agulhas e isto foi nos aproximando.

Acompanhava seus atendimentos e isto me proporcionou uma experiência rara e um aprendizado riquíssimo. Nesse ano em que estivemos bem próximos, no segundo semestre ele me requisitou para tratar dele, todas as quartas-feiras. Tomei um grande susto, mas tive esse privilégio de poder fazer meu aprendizado tocando diretamente aquele que foi, de todos os professores que já tive nestes 30 anos de carreira, o meu grande Mestre.

No final do ano ele iria ao Japão, pois havia 10 anos que não aparecia por lá. Disse que não deixaria para mim seus pacientes, pois isto eu teria que conquistar com meu esforço e o reconhecimento do meu trabalho, que a melhor propaganda é o cliente, mas com um deles ele precisava que eu continuasse o trabalho – que foi meu paciente por muitos anos e me indicou vários outros.

Depois o Monge sempre foi uma pessoa presente, por muito tempo trabalhamos no Instituto Vitória Régia no Bairro Anchieta, período em que ele ministrou grandes aulas e formou um grupo de excelentes acupunturistas, depois na Rua dos Inconfidentes e por fim na Rua Antonio de Albuquerque.

Por isso meu querido Monge Tokuda, agradeço, porque foi a pessoa mais importante na minha formação profissional e é com enorme satisfação que escrevo um pouco de nosso encontro.

Obrigado.

Fernanda Vasconcelos Barros[22]

Há mais de vinte anos, em 1982, eu participava de um grupo de terapia para o qual Monge Tokuda havia sido convidado a participar. Ele falou sobre o I Ching, o livro das mutações, um assunto completamente obscuro para mim até então; e que eventualmente se tornou meu livro de cabeceira e um grande conselheiro por um bom tempo.

A princípio, fiquei admirada com a destreza, concentração e a presença com as quais o Monge jogava as varetas do I Ching. Depois, a serenidade, a tranquilidade e a sabedoria que transmitia me cativaram instantaneamente. Foi amor à primeira vista!

Nunca poderia imaginar que esse encontro com Monge Tokuda seria a chave para uma transformação radical em minha vida. Essa afinidade com o Monge e posteriormente com o Mestre e a pratica Zen marcou o começo de uma jornada espiritual e de autoconhecimento.

O Zen me levou a romper padrões, dogmas, barreiras, a procurar mais o caminho do equilíbrio, "o caminho do meio", como dizia Tokuda San. Este caminho Zen me levou à estrada da procura e ao encontro da verdade.

Através de Mestre Tokuda conheci a filosofia Zen; através dele encontrei meus melhores amigos e companheiros desta jornada espiritual; através dele conheci a fitoterapia, a cozinha, e suas curas. O Shiatsu, a massagem japonesa que dele aprendi, foi a base de um trabalho que desenvolvi posteriormente nos Estados Unidos, e a fonte de minha subsistência quando lá cheguei.

---

22 Natural de Belo Horizonte, Cirurgiã Dentista, e também Licensed Massage Therapist em Los Angeles, Califórnia, onde reside atualmente; com dois filhos, Alexander e Clarissa.

Sou extremamente grata e me sinto felizarda por ter tido a sorte de ter conhecido Mestre Tokuda. Os anos que passei e vivi junto à Sangha, na Rua Itapema em Belo Horizonte, os Sesshins no Mosteiro de Ouro Preto, no Mosteiro de Ibiraçu, foram os melhores anos de minha vida. Sinto muitas saudades daqueles tempos, de sua alegria, de sua energia, de sua inspiração e de seus ensinamentos Zen.

Através dele aprendi a ver e a agir no mundo de uma forma "Zen". Se todos nós pudéssemos, como bons seres humanos e discípulos que somos, multiplicar e expandir esta prática em pelo menos um centésimo, da forma como Monge Tokuda fez e nos ensinou, tenho certeza de que estaríamos vivendo num mundo melhor.

Monge Tokuda reuniu pessoas, praticantes Zen, de uma forma como só ele conseguiria fazer. Seu carisma, seu potencial criativo e de realização, e sua capacidade de adaptação à cultura brasileira criaram o que a comunidade Zen é hoje no Brasil, principalmente em Minas Gerais. As sementes foram plantadas e cultivadas (de uma certa forma), e agora crescem e florescem. A ele devemos, e não podemos esquecer, o nascimento e a união de nossa comunidade Zen neste país.

Sinto-me honrada em poder deixar aqui as minhas impressões e nada mais que a minha gratidão e admiração ao Monge e Mestre Tokuda.

Fernando Guedes de Mello, Om[23]

Vivenciando o Zen e Krishnamurti

Foram alguns anos de convívio com a Sangha, sob a orientação do Mestre Tokuda, nos anos 80: Zazen na Rua Itapema, Sesshin em Ouro Preto, celebrações de Vesaka e outros encontros de confraternização. Haveria muito o que recordar e contar, mas vou me concentrar num episódio decisivo em minha caminhada espiritual.

Tudo começou uns três anos antes de eu conhecer Tokuda. Em 1980, comecei a praticar Hatha Yoga com professora Maurya Boucinhas, discípula do Mestre George Kritikós. Nada de místico. O que me surpreendeu foi o bem-estar físico que se seguia às praticas, duas vezes por semana à noite, depois de um dia inteiro de trabalho, de trânsito e outros fatores estressantes. A experiência despertou em mim grande curiosidade e passei a ler tudo a respeito. Invadia a Livraria Acaiaca na Rua Tamoios e comprava vários livros pelo título.

Em um ano, li cerca de oitenta livros sobre o assunto. Um dos livros que me chamou a atenção foi de "um tal de Krishnamurti", cujo nome me sugeria tratar-se de Yoga. Seu título: "Liberte-se do passado". Tentei lê-lo, mas não entendi aonde o autor queria chegar. Pareceu-me pregar uma espécie de amnésia, pois parecia insurgir-se contra a nossa memória, que gera pensamentos, que reforça a nossa mente e que nos ilude. Deixei o livro de lado e prossegui com outras leituras. Estávamos então em 1981.

Já em 1982, fui a uma palestra da professora de Yoga, Dora

[23] Engenheiro aposentado desde 1989. Moro numa casa fora de BH, num condomínio afastado uns 30 km, onde busco a tranquilidade que convém aos 70 anos. Mantenho contato com os amigos principalmente pela Internet, por e-mail e/ou conduzindo/participando de conversas sobre o sentido da vida. Publiquei dois livros nos últimos 10 nos. Pratico Yoga e meditação há 28 anos.

Gutierrez, sobre meditação, na AMMG. A sala estava repleta de almofadas no chão. Ao meu lado, um japonesinho. Cheguei a puxar conversa com ele, mas a palestra logo começou. Ao seu final, a palestrante convidou a todos para alguns minutos de prática dirigida. Olho e vejo ao meu lado um Buda, uma verdadeira montanha em meditação. A imagem ficou gravada na minha memória.

Havia algum tempo que não estava satisfeito com a pouca ênfase dada à meditação na linha de Yoga que eu frequentava. Àquela altura eu já havia compreendido que a prática de Yoga só se justificava se levasse você à meditação e mais além... Estávamos no ano de 1983. Foi quando alguns amigos me recomendaram um grupo de meditação Zen. Adivinhem quem estava dirigindo o Zazen? O mesmo japonesinho da palestra no ano anterior, o nosso Mestre Ryotan Tokuda.

Um dia, depois de alguns meses de prática de Zazen e leituras sobre o Zen, lembrei-me daquele livro do Krishnamurti. Retomei sua leitura e, surpreendentemente, entendi tudo o que seu autor queria dizer.

Nova Lima, 9 de fevereiro de 2008.

Flávio Bombonato Jikishin[24]

Homenagem a Mestre Tokuda

Morro da Vargem, "Bushin-ji"

1979 – Sesshin do Angô de Inverno

Numa tarde tranquila de Zazen durante o Sesshin, Hojo-san (Mestre Tokuda) [25] disse: "Mantenham essa prática pura, pois é o mesmo treinamento que viviam os patriarcas na época de Mestre Dogen." Mestre Dogen trouxe o Budismo Zen da China no século XII.

Era uma tarde linda e fria. Terminado o Zazen, Hojo-san sai a caminho de sua pequena casa. Caminhava sobre a estrada que serpenteia a grande várzea do mosteiro. Cabeça raspada, seu kesa ao vento. Imagem inesquecível de um Budismo original e de profundo ensinamento. Zanmai ó Zanmai. "O Samadhi rei dos Samadhis."

Num dia comum de Sesshin pequeno de Angô de Verão. Numa noite, Hojo-san disse: "Hoje, não vamos fazer Zazen. Vou lhes mostrar a prática e manipulação do shiatsu." Éramos cinco Monges: Tainha, Aníbal, Miguel, Sérgio e eu, Jikishin. Depois da apresentação da sequência do shiatsu, o Mestre disse: "Agora vocês façam em mim." Após cada um tentar suas manobras, ele disse: "Você, Jikishin, é um acupunturista, pode vir estudar comigo." Eu recusei, é claro, medicina chinesa não era comigo. Meu negócio era ficar no mosteiro, plantando horta e cuidando de nossa única vaquinha.

Tempos depois, novo convite. "Jikishin, venha estudar." Desta vez aceitei. E acertei também, pois me encontrei no estu-

---

[24] Acupunturista e professor de medicina tradicional chinesa. Professor de especialização pela Universidade Estadual do Ceará. Ordenado pelo Shingu Sokan em 1978. Reordenado pelo Mestre Tokuda Igarashi em Belo Horizonte em 1992.
[25] Sempre que fala em Hojo-San, o autor refere-se a Mestre Tokuda.

do e prática da medicina tradicional chinesa. Agarrei no koromô do Mestre e nos dezessete anos seguintes acompanhei o Mestre nesses estudos. Hoje sinto um profundo agradecimento. Sou acupunturista e professor de medicina tradicional chinesa, inclusive como professor de especialização pela Universidade Estadual do Ceará. Devo minha bem sucedida trajetória profissional a Mestre Tokuda.

Depois de um tempo afastado da vida monástica, retornei ao Mosteiro Pico de Raios. Num Dokusan, durante o Sesshin, disse ao Mestre: "Sinto-me feliz de retornar à vida monástica e novamente abandonar a vida mundana." Então ele observou: "A vida mundana não é diferente do mundo de Buda".

Mosteiro Pico de Raios – Sesshin de época de chuva

Sentados tranquilos no último Zazen matinal, ao lado do Mestre, percebi que ele dormia. Terminado o Zazen, é hora do nitten sojin, a limpeza matinal. Então o Mestre foi passear pelo jardim, quando cheguei a ele e disse: "Hojo-san, compus uns versos após o Zazen e gostaria de lhe falar. Os versos diziam mais ou menos assim: "Seu velho preguiçoso, ao invés de dormir em seu Zazen, porque não pega sua espada e corta minha cabeça? "Ele riu e disse: "Ótimo, Jikishin, você deveria escrever isso." E eu, tanto não escrevi que não me lembro dos demais versos, uma pena, estava tão inspirado.

Numa manhã de Zazen em que insetos e sapos conduziam uma sinfonia de alvorada, e o cansaço produzia grande sonolência, a atmosfera do Zendô era 'melodiosamente silenciosa'. O cochilo de um Monge sobre o assoalho de madeira produzia um som que era um verdadeiro convite à preguiça. Hojo-san levantou-se, pegou seu kyosaku, deu dez pancadas no Monge dorminhoco e em seguida mandou-o lavar o rosto com água fria. Remeteu a Tendô Nyojô, ao bater num Monge com suas próprias sandálias: "O tempo é precioso, não percam seu tempo."

Instituto Vitória Régia – Meus estudos de medicina tradicional chinesa

O Mestre recebia seus pacientes e fazia o diagnóstico e a prescrição de tratamento. Na sequência, eu aplicava o shiatsu nesses pacientes, após o que ele fazia-lhes a acupuntura, ao mesmo tempo em que me explicava tudo, desde o diagnóstico aos princípios de tratamento, passando pela prescrição de pontos. Eram ensinamentos sólidos, que incorporei realmente.

Terminado o dia de trabalho, o Mestre me chamava e me dava uma porcentagem da produção do dia. Eu merecia? Se eu estava na condição de estudante, aprendendo tanto com ele, aprimorando meus conhecimentos? Não que não fosse muito bem vindo aquele dinheiro, pois não tinha outra fonte de renda naquela época. Mas é para o gesto de grande generosidade da parte dele que quero chamar a atenção, já que ele não tinha nenhuma obrigação de me pagar nada.

O Mestre sempre promovia pequenos cursos de medicina tradicional chinesa. Certa vez, num curso de fitoterapia chinesa de que havia participado, eu não tinha recursos para pagar pelo curso e não paguei mesmo. O Mestre disse que "nem percebeu". Até hoje me sinto em dívida, e com uma eterna gratidão.

Pico de Raios

O Mosteiro Pico de Raios é localizado numa região em que já houve muito sofrimento humano devido à escravidão. Numa noite, quando costumávamos sentar tranquilos e silenciosos na casa de pedra, depois do Zazen, o Mestre me perguntou: "Jikishin, você vê alguma coisa?" Ver eu não via, mas podia sentir que, naquela noite, alguma coisa acontecia, e meu coração não estava tranquilo. Estou convencido de que o Mestre era capaz de ver cenas de um universo paralelo, ou projeções de uma realidade há muito empurrada pra debaixo do tapete brasileiro: a escravidão dos negros africanos.

Já há algum tempo afastado do mosteiro, troquei o uso de meu manto preto por um cor de laranja. Vivo no Ceará. E num encontro com o Mestre em Recife, falei-lhe: "Mestre, sento agora com meu manto laranja". E ele:" Ah, agora virou tibetano?". Aparentemente era uma interrogação prenhe de ironia, mas sei que não perguntou por mal. Não, não havia 'virado tibetano', mantenho meu Zazen do mesmo jeito, apesar do manto cor de laranja. É mais 'fresquinho', aqui é quente demais.

Depois de uns dois anos vivendo no Ceará, eu e um pequeno grupo de praticantes de Zazen fundamos um espaço para a meditação. E naquela ocasião, em Recife, pedi ao Mestre que oficializasse esse espaço como um templo Zen, mesmo com uma Sangha ainda tão pequena. E ele, mesmo distante fisicamente e com muito carinho, batizou nosso templo cearense como "Sei An Ji", ou Templo da Pura Paz, numa associação ao que Fortaleza, Terra da Luz, tal qual Paris, lhe inspirava. Nenhum outro nome teria traduzido melhor nosso sentimento em relação ao templo. Foi ótimo, muito bem-vindo pelos demais, e existe até hoje, mesmo estando eu um tanto afastado.

Quem me ordenou foi o Reverendo Monge Ryohan Shingu, na ocasião o superior do Zen na América Latina. Ordenou-me com o nome de 'Shogaku Jikishin Shodoshi', ou 'Despertar Correto de Mente Reta'. O nome completo ficou: Tengyo Anju Shogaku Jikishin Shodoshi, Monge Dono do Templo do Amanhecer, Despertar Correto da Mente Reta. Quando Mestre Shingu faleceu, me reordenei com Hojo-san, que manteve meu nome, porém mudou os prefixos que eram o Shojaki. Não me recordo do motivo desta mudança.

Escrevo em lágrimas. Não será em palavras que descreverei fielmente o meu sentimento de gratidão e carinho pelo meu querido Mestre.

Fortaleza, 26 de fevereiro de 2008

Francisco Azeredo[26]

Guardo do Mestre Tokuda uma forte lembrança e um profundo ensinamento. O silêncio. A gente conversava muito pouco sobre Zen, sobre o Caminho, sobre as Três Joias. Não que a gente não gostasse de conversar, a gente até conversava muito, estava sempre contando coisas engraçadas, em geral sobre nós mesmos, a gente sorria muito, se divertia muito e comia coisas muito simples e em geral muito deliciosas, que a gente mesmo preparava com o que tinha e sempre cheias de energia. Os retiros refletiam isto, uma meditação silenciosa, uma comida sempre muito boa, um pouquinho de conversa sobre coisas simples, um pouco de trabalho, um pouco de descanso, as cerimônias e a sempre esperada "palestra". E neste silêncio brotava e florescia uma energia sempre muito boa, inesgotável, que penetrava nos corações das pessoas, resplandecia em sorrisos, cada dia mais bonitos, e que iluminava o caminho, suavizando e dissipando o sofrimento delas.

Numa dessas raras vezes o Mestre Tokuda me perguntou ao final de um retiro: qual a essência do Zen? Muito emocionado e lutando para conseguir falar eu disse: um Mestre e um discípulo... E acrescentei logo depois... E um sino. Ele me perguntou por quê. Eu ainda me lembro de tentar explicar: um Mestre para transmitir o Dharma, um discípulo para compreender o Dharma e um sino para celebrar o Dharma.

Desse silêncio guardo algumas formas, que por sua vez guardam a mesma essência. Às vezes, pedia para controlar o tempo e os horários, outras, perguntava se o mingau estava pronto, às

[26] Casado, 2 filhos, 55 anos, é engenheiro civil e mestre em administração de empresas. Conheceu Mestre Tokuda em Santa Teresa, no Rio de Janeiro, quando ainda era solteiro, tinha 21 anos e cursava engenharia. Teve a graça de conviver e praticar Zazen muito próximo do Mestre Tokuda por muitos anos. Trabalha atualmente para a Petrobras como consultor.

vezes lembrava que tinha gente com meia no Zendô, ou dizia que estava um pouco cansado e se retirava. Uma vez, depois de ter me ensinado um pouco de shiatsu, ele me pediu que fizesse um pouco na coluna dele. Nem deixou terminar e disse que eu podia parar porque estava muito ruim. Na hora fiquei muito triste e envergonhado, mas depois disso me dediquei muito mais a aprender de verdade. Com esse silêncio Mestre Tokuda me ensinou muitas coisas: saber esperar o momento certo para tudo, saber perdoar quando não cabe mudar, buscar compreender e agir sobre as causas das coisas, persistir até que você tenha os méritos para merecer algo, retransmitir com a mesma compaixão tudo aquilo que se apreende, entender o sofrimento de cada um, o momento de vida de cada um, o caminho de cada um.

A presença do Mestre Tokuda sempre fazia muita diferença. Aprendi que não era exatamente a presença dele que fazia diferença, mas tudo que ele representava para nós. Com essa "presença" sempre tínhamos mais força, mais determinação, mais inspiração, sempre transparecíamos o que a gente tinha de melhor, de mais profundo, de mais eterno. Tudo o mais ia perdendo força e espaço em nossas vidas, aos poucos o Dharma ia se enraizando, substituindo as dúvidas, os medos, as ansiedades e os karmas. Por tudo isso, quando ele disse ao final de um Zazen, em uma sala de Yoga que a gente usava à noite, que tinha um comunicado a fazer e que o nosso grupo estava terminado, que não dava mais para prosseguir, que tinha coisas muito erradas, eu levaria anos para realmente entender o que aquilo significou em minha vida. Desde quando chegou a Santa Teresa e disse para os praticantes da escola Theravada que a meditação da escola Soto Zen era muito diferente. Em pouco tempo descobri que tudo doía muito e que as meditações da noite antes de dormir eram simplesmente intermináveis. Muitos simplesmente desistiram. Eu, não sei por quê, acreditei e me dediquei muito e fiz de Santa Teresa um lar para mim. Mestre Tokuda nunca me ensinou a meditar e acho que é por isso que até hoje eu não sei. Quando ele foi embora com a Myeko, meio sem rumo, novamente me doeu ver a malinha de poucas roupas e muitos livros que ele carregava. E era tudo que tinha. Nunca vou esquecer.

Mestre Tokuda fez e ainda faz muita falta. Ao longo de toda a minha vida venho buscando com muito sacrifício preservar o que ele me ensinou. Sou muito grato por tudo. Sempre que posso e sempre que essas energias não me faltam, retransmito o que aprendi e, sempre que consigo, relembro aqueles momentos maravilhosos que vivi, na transformação que percebo no olhar, nas palavras, nos gestos de quem também sabe ouvir, entender, compreender. E a elas sempre digo: não agradeçam a mim, agradeçam ao Mestre Tokuda.

As fotos que enviei me trazem lembranças muito boas. Do Sesshin em Petrópolis onde foram "batizados" meus 2 filhos, Francisco e Bruno, por volta de 1990, dos Sesshins em Friburgo agraciados pelo Bosco, que por muito tempo dedicou com muito carinho suas economias para construir um "mosteiro" para nós. Lá em Friburgo foi assinado o livro da Maha Muni – acho que a primeira assinatura é minha. Infelizmente não tenho fotos de Santa Teresa, Itatiaia, São João da Barra, Amparo, Ouro Preto, Alto da Boa Vista, São José do Rio Preto e tantos outros lugares por onde passamos e por tantos anos. O meu primeiro filho nasceu na Fazenda Tubatão, onde morei por 2 anos e onde o Tokuda fez um Sesshin com a gente.

Espero que o Mestre Tokuda ainda possa ajudar a muitas pessoas como ajudou a mim. Sei que ele gosta muito do Brasil, do bambu, do urubu-rei. Sei que ele gosta muito de mim. É recíproco. Saudades da Myeko também. A Myeko tinha um guarda-chuva muito lindo que ela trouxe do Japão. Na verdade, tenho saudades de tudo, uma saudade que parece eterna, uma vida de muitas saudades.

No Dharma.

Giliate Mokudo[27]

1- Certa vez Mestre Tokuda estava em uma agência bancária para fazer uma movimentação. A agência em questão estava lotada de gente. Era gente que não acabava mais. Sugeri, então, entrarmos em uma fila especial a que ele teria direito, fila essa que não tinha quase ninguém, vazia, ia ser uma "barbada". Ainda me lembro quando ele me olhou bem nos olhos e disse: "não vamos passar na frente de ninguém".

Mas fui mais longe ainda, e na minha "esperteza", comentei com ele que, se nessa transferência de valores, as contas possuíssem o mesmo CPF, não se pagaria CPMF. Aí, ele mais uma vez me olhou bem dentro dos meus olhos e disse (e talvez tenha pensado "esse aí não tem jeito mais não"): "mas eu quero pagar CPMF, para ajudar o Brasil"... aí, eu morri (de vergonha!). Tempos depois pude perceber que ele viveu (vive) e nos mostrou aquilo que recitamos no Sutra das Refeições: "...que nos mantenhamos livres de querer status e lucro...".

2- Assim pude entender uma conversa com Mestre Tokuda: que durante sua vida ele se deparou, em muitas ocasiões, em uma espécie de encruzilhada, onde ele teria de escolher entre um dos caminhos. Um era mais fácil e o outro muito mais difícil, mas ele sempre escolhera o mais difícil. E, sempre, após ele dar os primeiros passos naquele caminho mais difícil, logo todas as coisas se abriam e tudo o que parecera mais difícil inicialmente, se tornara mais fácil do que as soluções do caminho mais fácil inicial.

[27] Médico homeopata. Monge ordenado pelo Mestre Tokuda.

Giorgia Sena Martins[28]

Muito Além das Palavras

Puxa vida! Relutei tanto em escrever este depoimento! E só o faço nos últimos minutos do segundo tempo da prorrogação... Muito, muito difícil escrever sobre o Mestre Tokuda, porque ele transcende completamente as palavras. Falar sobre o Mestre Tokuda é como falar sobre o Amor. Ou sobre o Zen. Não dá pra falar, tem de sentir.

O Mestre Tokuda é uma pessoa tão leve, alegre, amorosa, íntegra! A gente consegue perceber isso a todo instante. Em cada gesto. Não é preciso conhecê-lo ou praticar o Zen para sentir isso. A luz que ele tem alcança as mais variadas pessoas, sem que ele precise dizer qualquer coisa.

Lembro de uma ocasião em que subimos a serra catarinense e estacionamos num mirante. Ao nosso lado, estacionou um carro. Do nada. Todas as pessoas daquele carro, que não o conheciam, nem sabiam quem ele era, voltaram seus olhos pro Mestre Tokuda, como que hipnotizadas... e sorriram felizes! Nessa mesma época, em Florianópolis, no caminho do aeroporto, várias crianças que passavam pela rua acenavam para ele. Mestre Tokuda é fofo! E livre! Como as crianças!

A forma amorosa como Mestre Tokuda trata qualquer pessoa me toca profundamente o coração, como uma grande lição, de que eu me lembro todos os dias. Não há separação entre ele e os outros. Pode ser na mais prosaica das situações. Numa lanchonete, por exemplo. As pessoas ficam completamente à vontade na sua presença. Mestre Tokuda trata cada um como um velho amigo, como um irmão. E é sempre aberto,

---

[28] Monja Zen Budista ordenada pelo Mestre Tokuda. Trabalha como Procuradora Federal na área do Meio Ambiente e é professora de Direito Ambiental. É responsável pela página oficial do Mestre Tokuda na Internet.

despojado, atencioso e gentil com as pessoas. Sempre tem um sorriso acolhedor, que traz as pessoas para perto de si. Resolve as coisas com elegância e sabedoria, mesmo quando a situação é complicada e exige muita firmeza.

Estávamos Mestre Tokuda, Monge Marcos e eu num restaurante no Leme, pouco antes de ele voar para Paris. A conta veio errada. Muito errada. Era quatro ou cinco vezes o valor devido. Eu logo reclamei pro garçom, que corrigiu a conta. Intimamente, fiquei bastante contrariada. Pensei: – o garçom viu que ele era japonês e se aproveitou do fato pra engrupir... E o Mestre Tokuda? Mestre Tokuda foi super simpático com o garçom, deixou uma gorjeta polpuda e, na saída, bem sorridente, brincou com ele: – Puxa, que pena que não era aquele valor! Eu queria gastar os meus últimos reais!

Numa outra situação, bastante séria e delicada, Mestre Tokuda me mandou ficar quieta. Voto de silêncio mesmo. Por tempo indeterminado. Diante de mentiras e difamações que o envolviam diretamente. Minha reação natural, advogada que sou, seria a de defendê-lo sofregamente, argumentando e apresentando provas, demonstrando por A mais B que aquilo tudo era mentira, que não fazia o menor sentido. Mas não. Ali ele me deu a grande lição do silêncio. Foi duro, mas não abri a boca. Em nenhum momento. E isso fez toda a diferença.

Recentemente, no Mosteiro Eisho-Ji foi erguida uma construção à beira da cachoeira. Seria o bangalô do Mestre Tokuda. Era um presente, uma homenagem. Foi construído especialmente para ele, no lugar de que ele mais gostava. Mas havia um problema: o bangalô não havia respeitado a distância mínima prevista na lei ambiental, estava situado em área de preservação permanente. Como trabalho nessa área, o assunto me preocupava sobremaneira. Um dia, na casa da Monja Terezinha, tomando café com ele, tomei coragem e falei da questão ambiental. Ele não titubeou. Com voz firme, me disse: “Se é errado, é errado. Vamos mandar demolir imediatamente. É o certo e é o que deve ser feito. Por mais difícil que seja, temos sempre de tomar o caminho reto". E assim foi feito, a despeito da enorme pressão em sentido contrário, das inúmeras sugestões que lhe deram para que se "falasse com alguém influente", para que "desse um jeitinho". Mais uma grande lição. Na prática, na pele, cortando própria carne. Integridade a toda prova. Sempre o caminho reto.

Minha mãe teve pouco contato com o Mestre Tokuda, mas sempre se lembra dele, dos seus ensinamentos. Vez ou outra me conta quando usa no seu dia a dia o que aprendeu com o Mestre. Não raras vezes, minha mãe fala "– Filha, como diz o Mestre Tokuda...", e me dá algum conselho relembrando o que ele disse. Ela sempre se lembra da importância de manter o silêncio em determinadas situações, de não criar ondas.

Minha mãe conta, ainda, de uma senhora, jardineira, pessoa simples, de pouco estudo, que às vezes trabalha no jardim da casa dela. Viu o Mestre Tokuda uma única vez. Mas nunca o esqueceu. Sempre fala dele.

O Mestre Tokuda é assim, marca a vida da gente de uma maneira indelével.

Ouvi, recentemente, numa entrevista que ele deu em Goiânia: "Pra tudo tem uma saída!" Mestre Tokuda é de um otimismo incurável! E olha que ele já enfrentou os maiores "perrengues"! Sem esmorecer, nem perder aquela ternura que lhe é tão característica!

Outra coisa que me impressiona muito: Mestre Tokuda tem uma infinita capacidade de perdoar: basta um arrependimento sincero e verdadeiro. O coração dele está sempre aberto.

Vi o Mestre Tokuda dançando na casa do Régis, em Belo Horizonte. Com quase setenta anos, Mestre Tokuda parecia um menino! Tão completamente leve, livre... Em relação ao Mestre Tokuda, daria pra parodiar aquela frase de Gandhi: seu ensinamento é sua vida.

Por onde o Mestre Tokuda passa, vai deixando um rastro de luz. Parece que ele deixa "sementinhas de Zazen" por onde quer que ande. Há grupos que ele fundou há mais de vinte anos... e que, mesmo sem ele, continuam sentando religiosamente. Sua presença e sua mensagem são tão fortes que resistem e superam qualquer ausência. Mestre Tokuda está com a gente mesmo quando não está.

Quando me despedi dele, agora, em 2008, no Galeão, não senti tristeza alguma. E olha que eu sou chorona! Mas não derramei uma única lágrima. Porque sei que ele nunca, jamais estará longe.

Tenho enorme gratidão por ele, com quem aprendi as lições mais importantes da vida. E essa gratidão se estende também ao Monge Marcos Beltrão, seu mais fiel e mais próximo discípulo, sucessor no Dharma e encarregado de prosseguir no trabalho do Mestre Tokuda aqui no Brasil, para que essa Luz jamais se apague...

Heliana Ignácio-Sacco[29]

No ano de 1990 organizamos o 1º Congresso Italiano de Psicologia e Psicoterapia transpessoal e holística na cidade de Lucca. Os convidados foram Pierre Weil Richard Hoffmann, Reginaldo T. Coelho , Massimo Rosselli, Jerome Liss, dentre outras pessoas. Tenho ainda a carta escrita à mão do Mestre Tokuda em português. Assim tivemos a presença ilustre de Mestre Zen Tokuda, o qual transmitiu seus ensinamentos sobre "Medicina chinesa e Budismo Zen". No final do congresso, assinamos um documento, resultado de uma reflexão de todos os conferencistas, para unirmos com o mesmo objetivo; respeitando e preservando os aspectos positivos da medicina ocidental, medicina oriental e das várias correntes da psicologia, da filosofia integrando com os contributos da outras medicinas... O entusiasmo gerou a criação da Associazione Culturale e Olistica "Amici Città della Pace", cujo vice-presidente honorário é o Mestre Tokuda. Essa associação tem como objetivo difundir ideias, valores que são a base da "Fundação Cidade da Paz" de Brasília.

Tokuda encantou-se logo com a cidade de Lucca. Para quem não conhece, está na região de Toscana, na Itália, é uma linda cidade medieval praticamente intacta, com suas muralhas de 4 km, toda conservada. O congresso se realizou na Villa Bottini e, à noite, foi feita uma apresentação do grupo de capoeira no anfiteatro; imagine o Mestre Tokuda com aquele hábito preto de Monge Zen dançando a dança tradicional ligada aos ancestrais, o xintoísmo. A roda de capoeira era grande e ele girando, girando, fazendo coreografias de reverência aos ancestrais, parecia leve, leve como uma pluma. Essa recordação nos traz

[29] Psicóloga clínica, psicoterapeuta transpessoal e holística. Especialização na Universidade de Pierre et Marie Curie, Paris VI.

uma alegria enorme.

O som era brasileiríssimo; os Mestres de capoeira China, Jiba, Jacaré, Parafina e Boa Vida estavam na época em Paris, foram convidados a fazer parte do congresso. O congresso foi um encontro mágico, um mandala vivo, que até hoje algumas pessoas comentam. Daí houve uma abertura para que o Mestre Tokuda resolvesse passar um tempo na Europa e ele se instalou em Paris.

Logo no ano seguinte organizou-se um grupo que era constituído na sua maioria de pacientes meus. O Mestre Tokuda, juntamente com o prof. Paolo Maltagliati, um médico nutricionista e docente da Universidade de Pisa, ministrou o curso de shiatsu nos biênios 1992-93, organizado por Vanna Vezzani na cidade de Pescia. Foi organizado também o curso de Fitoterapia chinesa nos ano 1994 e 1995. Os alunos do curso logo aprenderam a chamá-lo carinhosamente "Tokudinha".

Posso contar um episódio: uma vez no grupo chegou um novo aluno e, quando Tokuda cumprimentou perguntando-lhe como estava, essa pessoa começou a falar de tudo o que sentia, desabafou mesmo, prosseguindo por mais de uns vinte minutos. Era muito forte acompanhar a expressão de Tokuda, de surpresa, de atenção, de admiração, de compreensão, de seguir com muito interesse e intento, e algumas palavras em português ficavam sem tradução, né? Nossa, que coisa! Nossa Senhora Aparecida! E todo o grupo que ensaiava, a nutrir da sabedoria do Mestre, com aquela cachoeira de sintomas, dores ali, acolá, do novo aluno, com todos os componentes do grupo calados, silenciosos, esperando então no final de toda aquela tempestade de expressão de falar alto, baixo, forte, às vezes repleto de emoção ou não. Tokuda cumprimenta-o com um aperto de mão e disse com uma expressão séria, até mesmo reflexiva. Eu estou bem, me sinto verdadeiramente muito bem. Grazie, grazie! Com um leve sorriso (Obrigado, obrigado!).

Difundiu então um silêncio nutriente naquele momento e hoje é uma das recordações que anima o coração de todos.

O mágico foi trabalhar com o Tokuda seguindo os mesmos pacientes e, logicamente para mim, a satisfação de coincidir tantas vezes o diagnóstico chave de todo processo de cura. O meu trabalho enriqueceu-se ainda mais, já era integrado ao relaxamento como processo, antes da psicoterapia, outra ênfase à alimentação, atenção ao estilo de vida, integração do shiatsu para alguns pacientes e daí desenvolvemos um estilo de meditação ritmada. Um período em que todos nós fomos beneficiados pela sabedoria do Mestre Tokuda.

Ivan Geraidine[30]

Lembranças de passagens interessantes com o Mestre Tokuda

Estávamos em um retiro de 7 dias em Ouro Preto (creio que em 1985), no início da construção do mosteiro de lá. Haviam se inscrito umas 8 pessoas para o Sesshin, mas, na última hora, apareceram mais umas quatro e o Tokuda, como sempre de coração aberto, as recebeu. Portanto, o planejamento da cozinha foi para o espaço com 50% mais pessoas que o previsto inicialmente.

Era a tarde do quinto dia, no horário em que fazíamos um pequeno lanche entre as sessões de Zazen.

Os responsáveis pela cozinha, naquela hora, éramos eu e o Marcos Beltrão, que ainda não era Monge. Ao verificar que não havia nada disponível para o lanche de 13 pessoas, comunicamos ao Mestre e este nos deu cerca de R$ 20,00 e nos autorizou a sair do mosteiro e irmos até um barzinho bem simples que havia cerca de uns 400 metros do mosteiro. Lá chegando, com tão pouco dinheiro e num lugar tão simples, tudo que pudemos comprar foram umas goiabadinhas e dois litros de leite. Ao retornarmos, esquentamos o leite e o servimos quente em uma xícara acompanhado da goiabadinha em um pires. Era o lanche mais simplório que jamais havia visto em um Sesshin, porém jamais me esqueceria dele.

Ao receberem o lanchinho, as pessoas se entreolhavam

---

[30] Treinou com o Monge Tokuda entre os 20 e 31 anos (1974 e 1985). Formado em Engenharia Eletrônica, com duas pós-graduações em Administração de Empresas, incluindo um MBA no Rochester Institute of Technology no estado de Nova York. Trabalhou 20 anos na Xerox do Brasil em funções gerenciais, e mais 10 anos em duas multinacionais (IBM e Konishiroku do Japão). Atualmente é Secretário de Planejamento da Prefeitura Municipal de Resende-RJ e fungicultor, produzindo, em larga escala, cogumelos Paris e Portobelo na região das Agulhas Negras.

como a dizer: só isso? O ritual exigia que acabássemos de servir e nos sentássemos para que todos iniciassem o lanche ao mesmo tempo. Assim o fizemos. Sentamo-nos em lótus ou semi-lótus virados para o centro do Dojô, cumprimentamo-nos com um Gasshô e iniciamos o sorver de tão simplório "lanchinho".

Logo após degustar um pedaço da goiabadinha e tomar um gole de leite, o Mestre Tokuda olha para o grupo com olhos brilhantes, com sua silhueta contrastando com uma janela onde se viam flores de pessegueiro já exibindo as primeiras luzes do crepúsculo, e num sorriso que jamais esquecerei pelo resto de meus dias exclama:

"– Luxo, né ?"

Aquela observação me desmoronou e a outros discípulos mais sensíveis. O prazer que exalou daquelas palavras e a incrível capacidade de transformar um simples pedaço de goiabada e uma xícara de leite em "Néctares dos Deuses", apenas com o reconhecimento de que aquele era um momento mágico, transformaram aquele lanche num momento inesquecível.

Houve uma comunicação não falada, puro Zen, entre o Mestre e alguns de seus discípulos, não todos, pois houve aqueles que não entenderam nada e continuaram a achar o lanchinho simplório. Mas para mim e uns três outros praticantes foi a magia do Zen transformando goiabadinha no mais saboroso aperitivo, a xícara de leite no mais elaborado licor. Sim, Tokuda estava certo: aquilo era um Luxo que dinheiro nenhum no mundo poderia pagar.

Ivone Genpo Jisho[31]

Como descrever um encontro tão singular, como o que experimentei ao conhecer o Mestre Ekyu Ryotan (Tokuda), que marcou profundamente a experiência de estar viva e procurar junto com todos, mesmo com todas as dificuldades e deficiências de nossa disposição, despertar a mente que busca o Caminho, a compaixão por todos os seres, entrar em contato com a sabedoria do mundo do Dharma? Na verdade algo permanecerá impossível de dizer, pois é da natureza da experiência direta e pessoal, mas partilhamos as memórias dos momentos mais significativos em homenagem ao nosso querido Mestre e amigo, desejando que sua vida seja longa e sua saúde se preserve em benefício de todos que desejam aprender de coração para coração o verdadeiro ensinamento.

Em outubro de 1992, através de colegas de trabalho cheguei à sala de meditação dos Monges Napoleão Ryokei e Patrícia Seiho, no bairro de Santa Tereza em Belo Horizonte, Minas Gerais. Durante dois anos, participei de forma irregular das sessões de meditação que aconteciam aos domingos nesse local. Através dos Monges eu entrava em contato com a presença entre nós do Mestre Tokuda, como carinhosamente era chamado por todos. Mas foi somente em janeiro de 1994, em um Sesshin no Mosteiro Zen Pico de Raios que pude experimentar diretamente a força de sua presença.

Cheguei ao Sesshin na manhã do primeiro dia, numa caminhada lenta a pé até o mosteiro, carregada com duas bolsas

[31] Monja Zen Budista, graduada em Psicologia, com mestrado em Educação pela UFPE (2004). Possui formação em Shiatsu, Acupuntura e Kampoh (MTC), com experiência profissional e docência nas áreas de Psicologia, Terapias Tradicionais Chinesas (MTC) e Educação. Atualmente é doutoranda em Educação pela Universidade Federal da Bahia – UFBA com um projeto de pequisa sobre "O Ser-Tempo no pensamento do Mestre Zen Eihei Dogen".

atravessadas como cangas num jumento de carga. Aproximei-me de um grupo de pessoas que trabalhavam no jardim. Entre elas um senhor, que imediatamente intuí que deveria ser o Mestre, que parou e observou durante alguns minutos a aproximação. Eu estava decidida a mergulhar com todas as minhas forças e ver o que seria possível descobrir nessa primeira vivência de um período intensivo de pratica monástica Zen. Durante os três primeiros dias vomitava sem parar, e todos já se retiravam de perto de mim para evitar o desconforto. Eu não desistia, o Mestre acompanhava, eu tinha certeza de que atravessaria aquilo, não sabia como. Ao final do terceiro dia, já vomitando sem expelir mais nada, ele ofereceu algumas agulhas de acupuntura que suspenderiam os vômitos. As sessões de meditação se conjugavam com ensinamentos budistas diretamente relacionados à vida cotidiana, numa bem humorada e profunda explanação do sagrado, que me tocaram profundamente. Senti que precisaria ir mais fundo, e ao final do retiro pedi para me tornar sua aluna, comuniquei meu desejo de aprofundar minha relação com a prática. Precisaria resolver a situação de meus filhos, ainda pequenos, para que ficassem bem, mas sentia que era uma escolha que fazia por mim e pelo bem deles, assim como pelo benefício de todos os seres. O sofrimento engendrado pela minha presença no mundo precisava ser resolvido, isso não era somente um assunto pessoal. O momento em que consegui expressar esse desejo foi marcado por uma dificuldade em falar e ver, que paralisou por alguns minutos minha capacidade de expressão. A luz que entrava na sala de meditação após o Zazen da tarde e a presença no Mestre ofuscaram meus sentidos. Finalmente consegui falar subitamente e de uma forma atrapalhada, mas consegui. Ele acolheu e recomendou que continuasse a prática junto aos Monges de Belo Horizonte e que retornasse no ano seguinte.

Mais um ano e novamente eu estava no Sesshin de janeiro

(1995), já não havia problemas gástricos, mas desmaiava durante ou após o Zazen da madrugada. As respostas do corpo não diminuíam minha determinação em continuar. Numa conversa à noite, após uma dificuldade que enfrentei para compreender a atitude de um dos Monges, o Mestre de pé no escuro do jardim, de uma noite sem lua, me falava da necessidade de ir além da razão, de desenvolver compaixão e procurar ver a partir do ponto de vista do outro a situação. Eu relutava em aceitar e ele repetiu tudo três vezes; mesmo sua explicação não tendo se modificado, ao final alguma coisa havia acontecido, sentia que meu coração se abria para aceitar o que eu nem mesmo entendia direito. Uma outra forma de lidar com as situações começava a funcionar, eu sentia uma gratidão profunda e assim nos despedimos no jardim, sob o chamado do Monge que alertava para o horário do silêncio, de dormir.

O Mestre Tokuda orientava para um período de prática intensivo de três meses, que poderia ser feito no próprio mosteiro. Nesse mesmo ano, conforme sua indicação, participei do Angô de inverno em Ouro Preto. Segui logo após para o templo do Rio de Janeiro, conforme sua orientação para continuar estudos sobre a medicina chinesa e praticar junto ao Monge Marcos Beltrão Ryokyu. Durante cinco meses, participei sob orientação do Mestre Tokuda das atividades do templo no RJ, me preparando para ordenação em 1996 e posterior ida ao Japão.

Participei de vários cursos sobre temas da Medicina Tradicional Chinesa ministrados pelo Mestre Tokuda. Em todos ele enfatizava que a saúde era uma condição espiritual, que a beleza era um aspecto da saúde e que era preciso cuidar da vida como um todo, em que as atividades terapêuticas possuem uma função complementar. Sua abordagem da Acupuntura, do Shiatsu, do Kampoh e de outras técnicas orientais de promoção da saúde possui uma profundidade e afinidade com o Caminho espiritual que apontam para a não dualidade entre trabalho, estudos, saúde, espiritualidade, alimentação, modo de vida, relacionamentos etc. Sua forma carinhosa de apoiar ou advertir sempre nos pegava de surpresa. Nunca estávamos preparados para o que íamos aprender. O previsível não era suficiente para atender às situações junto ao Mestre. Era preciso então desenvolver uma atenção plena, capaz de captar o sentido de suas palavras, ações e sentimentos. Era como se tentássemos adivinhar seu percurso para sempre nos depararmos com mudanças de curso. Segui-lo é sempre um desafio.

Durante o Angô no Mosteiro Shogoji, em 1996, no Japão, após três dias de recolhimento ao quarto dos doentes por exaustão, eu me questionava se aquele caminho era possível para mim, se não era pretensioso de minha parte tentar prosseguir com tantas deficiências em minha condição física, mental, emocional. Tudo parecia muito pesado. Mais uma vez, numa visita para ver como ia me recuperando, o Mestre Tokuda me fala compassivamente que o ensinamento do Buda é para todos e todas, que é para humanos mesmo, e não algo sobrehumano. Que cair faz parte da caminhada e que a fraqueza pode ser um caminho para compreender o sofrimento de todos os seres. A partir de suas palavras, um novo ânimo me impulsionou a retomar as forças e atravessar aquele período de intensa atividade junto à comunidade. Os dias se tornaram mais luminosos, a alegria tornava os trabalhos mais leves e a prática se tornava todo momento do dia e da noite. Os intervalos entre as oportunidades de encontrar e escutar, conviver e aprender com o Mestre Tokuda eram plenos de sua presença, que por telefone, por carta ou mesmo diretamente pareciam falar comigo como se estivéssemos um de frente para o outro, ou mesmo como se estivesse ele em minha própria consciência.

Na volta do Angô no Japão, fui orientada a retornar para Recife, onde estavam meus filhos, e procurar sentar junto com pessoas que porventura se interessassem pela prática do Zazen.

Em poucos meses o grupo já demandava a presença do Mestre e em março de 1997 fizemos o primeiro Sesshin com ele, que fundou o Seirenji – Centro Zen do Recife. Sua orientação e acompanhamento constantes, mesmo à distância, permitiram o crescimento do grupo e a aproximação de novos discípulos. Durante um dos Sesshins que fizemos com a presença do Mestre Tokuda, em Gravatá-PE, lembro-me de um momento especial em que num mondo (perguntas e respostas) eu solicitava sua ajuda para lidar com as dificuldades para cuidar da comunidade e do centro de prática e ele respondeu diretamente que procurasse compreender o sentido profundo da palavra autoridade, que não deveria ter o sentido de autoritarismo, mas ser exercida sem esforço e com leveza, de forma natural, como algo que serve ao grupo e não que o controla. Foi uma lição dura, porque atingia diretamente aspectos do ego envolvidos na questão, de difícil compreensão, mas preciosa e até hoje em permanente processo de aprendizagem. A percepção de que traços de nosso caráter podem ser muito difíceis de modificar, precisam ser encarados antes de prosseguir no Caminho do despertar.

"Quando cai no chão, com chão pode levantar... isso ainda é mais fácil. Mas mais profundo é quando cai no chão, com vazio pode levantar..." (Tokuda, em Recife em 1997).

Em 1999, participei por um mês do período de prática intensiva de inverno, Angô no Mosteiro Zen Serra do Trovão em Lavras Novas-MG. O Mestre Tokuda nos ensinava sobre o "Zen de terra" ou "Zen selvagem", como ele dizia. Tudo era muito rudimentar e permitia uma contato direto com a natureza praticamente intocada do lugar. Os alimentos eram cozidos quase inteiros preservando sua forma natural e sabor. O frio chegou a congelar as mãos de um Monge durante o Zazen, que só voltaram a se mover ao colocá-las em água morna. O Mestre Tokuda mostrava um lado mais firme, e novamente surpreendia os que haviam se acostumado ao seu jeito espontâneo e brincalhão. Ensinamentos sobre a impermanência e o desprendimento.

Após o afastamento das atividades do Seirenji, para desenvolver pesquisa sobre os ensinamentos do Mestre Eihei Dogen na universidade, tive poucas oportunidades de encontrar pessoalmente o Mestre Tokuda, mas sua presença espiritual e orientações sempre chegaram. Durante a pesquisa de mestrado sobre a não-dualidade, o Mestre Tokuda leu alguns escritos iniciais e apoiou todo o estudo. Foi possível uma convivência de três meses no Mosteiro Eishoji, em Pirenópolis-GO. Lá aprendi com o Mestre sobre a estética oriental e o planejamento sustentável de um local de prática. A responsabilidade começava a ser transmitida para nossa Sangha brasileira. O Monge Marcos Ryokyu recebera a transmissão do Dharma e assumia oficialmente como sucessor e responsável pelas atividades no Brasil dos grupos ligados ao Mestre Tokuda. Nosso compromisso se transformava e se intensificava, a fundação de alguns centros terapêuticos ligados ao mosteiro poderiam oferecer suporte às atividades e participar da construção de um espaço de prática e cuidado com a saúde na sede matriz do trabalho do Mestre Tokuda no Brasil em Goiás, o mosteiro Eishoji.

Agora na pesquisa sobre o Tempo em Dogen, no doutorado que estou realizando em Educação na UFBA, em Salvador-BA, ele continua presente acompanhando, orientando, enviando materiais, livros e, principalmente, ajudando a manter o foco na prática e no sentido profundo da compaixão por todos os seres como centro do seu ensino.

Estamos preparando as condições para uma oportunidade de estarmos com ele em breve para um período de prática e orientação no mosteiro Eishoji e quem sabe em alguns centros de prática. É sempre uma bênção e uma ocasião preciosa que procuramos aproveitar de forma intensa para nossas vidas e para o benefício de todos.

Janderson Haku Ho Dô Kô[32]

A espada de pau santo

Uma das raríssimas vezes que convivi com o Monge Tokuda foi no spa Kangendô.

Eu estava trabalhando lá e, em uma noite, dormimos em quartos próximos. Após o Zazen noturno coloquei minha roupa (koromô e outros) pendurada em um cabide na vara da cortina. A noite foi muito tumultuada, muitos barulhos no telhado e acordando sempre. Ao amanhecer me levantei e verifiquei que a roupa estava jogada no chão, pensei que o cabide tivesse quebrado devido ao grande peso. Peguei a roupa e comecei a procurar os pedaços do cabide ou ele inteiro. Não achei nada na roupa. Quando decidi procurar pelo chão também não encontrei nada visível, então pensei que estivesse caído debaixo da cama, me abaixei e olhei. Não encontrei o cabide, mas vi uma coisa comprida, estendi a mão para pegar e vi um bastão de cor muito escura avermelhada. Percebi então que se tratava de uma espada de kendô de madeira. Quando saí do quarto encontrei o Monge Tokuda e pedi para conversar, contei o fato. Ele pediu para ver a espada, a qual lhe mostrei e ele disse: "Essa espada é minha, é de pau santo, estava no Japão, você já a tinha visto antes?"

Então respondi: "Claro que não!", e perguntei: "O que o senhor me fala?"

Monge Tokuda responde: "Ummm, inexplicável. Vou comer um frango....."

Depois desta semana não estive mais em sua presença física, e digo hoje do Monge Tokuda:

"Nada de especial!"

---

[32] Ordenado pelo Monge Tokuda em 1999, em Lavras Novas-MG. Atualmente, jardineiro na região de Catas Altas.

Jane Mary[33]

Conheci Tokuda em 1977 (dezembro). Meu pai estava com câncer em fase terminal. Régis, muito amigo da família, nos apresentou Tokuda, que vinha à nossa casa sempre que chegava do Espírito Santo (Ibiraçu). Fazia shiatsu em meu pai e ia embora. Falava muito pouco, sempre silencioso, mas com muita presença.

Passado algum tempo, meu pai faleceu.

Estávamos no velório, todos muito abatidos, já de noite, e de repente chega Tokuda, que, silencioso, faz uma reverência em frente ao caixão e começa a cantar um Sutra. Nesse momento olhei para minha mãe e percebi um semblante de profunda paz... foi o que todos sentimos neste momento.

Houve uma grande irradiação de luz e paz. Ao acabar o Sutra, fez outra reverência (gasshô) e foi-se embora. Isto me marcou profundamente. Até hoje, quando me lembro, ou melhor, entro em contato com a energia daquele momento, sinto algo acolhedor.

Naquela época ainda não conhecia o Zen.

Em novembro de 1978 comecei a frequentar a meditação dirigida por ele. Foi, e é, algo muito rico tudo o que Tokuda me passou, mesmo com seu português às vezes difícil de entender, ele passava com a alma.

Aqueles anos todos que tive a oportunidade de estar em contato com ele ficaram gravados em mim de forma muito construtiva e me deram base para caminhar com melhor compreensão da existência.

Um abraço.

---

33 Terapeuta holística que integra três escolas de cinesiologia, assim como reflexologia podal e terapia floral.

João Bosco[34]

Diz o ditado que quando o discípulo está pronto o Mestre aparece. Eu, particularmente, acho que não estava pronto para nada, mas precisado, sim.

Na época, já encantado, depois de um primeiro contato com a macrobiótica e a ioga, eu procurava alguma coisa que completasse aquele anseio de uma mudança mais profunda, que já se iniciara. Depois de algumas experiências infrutíferas, eis que, por uma conspiração cósmica e profunda compaixão de todos os Bodisatvas, naquela sexta-feira de carnaval de 1974, começava o primeiro Sesshin com o Monge Tokuda (ninguém ainda o chamava de Mestre), na Sociedade Budista do Brasil, em Santa Teresa, Rio de Janeiro.

Na abertura, antes do início do Sesshin, já me impressionava o seu bom humor, característica que o revela como um ser humano incomparável, trazendo sempre alegria aos que se encontram ao seu redor (Uma vez contou do campeonato de karatê em que foi campeão do grito kiai. Num dos últimos Sesshins que compartilhamos, perguntei sobre o grito Kwatsu, com o qual nos fazia estremecer em alguns Sesshins. Ele riu muito e disse que era a força da juventude e que já esquecera).

A par disso, o rigor e a delicadeza com que um verdadeiro Mestre sempre trata seus discípulos, na prática da transmissão do Dharma. Li em algum lugar que Hui Neng, o sexto patriarca chinês, quando falava, toda a plateia se iluminava.

É assim que nos sentimos, iluminados, quando o Tokuda fala em um Teishô (aula de Budismo).

Hui Neng, Dogen, Suzuki, Tokuda, são todos da mesma estirpe.

Obrigado, Mestre Tokuda. Minha eterna gratidão.

---

[34] João Bosco fez seu primeiro Sesshin com o Mestre Tokuda no carnaval de 1974, no Rio de Janeiro.

João Carlos Almeida Leite (Joãozinho)[35]

Foi uma coincidência que outro dia eu estava andando com um amigo meu, o Décio, e ele comentou: "– ah, você sabe que o Monge Tokuda está chegando aí". Eu disse que soube que ele iria chegar, e a primeira pergunta foi: "– vai morar?" (risos). "– Ah, sei não, eu não sei de nada..".

Outro dia estive com um amigo meu, falando sobre o Monge Tokuda e tal, e esse menino me falou assim: "– você e muito bobo, o Monge Tokuda é *unsui*, não é um Monge comum, é *unsui*. Então você tem de pensar nesse sentido sobre ele". Então eu achei interessante e essa pessoa me despertou isso. Eu não tinha entendido essa coisa de Sangha, como está funcionando aqui entre nós. Eu pensava se Monge Tokuda fosse assim mais autoritário teria mantido uma Sangha, uma coisa mais conclusiva. Então esse meu amigo me disse: "– Não, nada, o Monge Tokuda é *unsui*, não está preocupado em formar comunidade, Sangha, ele é um cara que não tem essa pretensão". Então eu achei interessante.

Realmente tem uma qualidade que eu acho diferenciada do Monge Tokuda, em todos os Monges que eu nunca conheci, e não conhecerei porque não me interessa mais conhecer Monge, assim no sentido de que no mundo atualmente tem de ter uma grande qualidade humana, acho que é a única coisa que Tokuda San quis, para mim, na minha formação, como aluno, foi uma pessoa de que estive perto em várias situações diferenciadas, e tal, uma das coisas mais lindas foi isto, essa coisa desapropriada do ser humano, ninguém é dono, todos têm razão, todos têm na verdade de ouvir o outro.

Isso é uma coisa que mais me chamou atenção, foi essa coi-

[35] Músico, leigo praticante do Zen desde os anos 80. Gosta muito de plantas e flores e cultiva várias espécies.

sa do ouvir, a atenção com o outro. E eu nunca vi ninguém do Zen, nenhum ser humano ter essa cortesia, ter essa *finesse*, que eu acho que é a grande oportunidade nossa, eu também não sou assim, por isso que eu estou falando assim, porque eu acredito no seguinte, que o que existe, quando você está formando uma qualidade humana tem essa coisa do social, não do social social, mas da sociabilidade humana, então você não pode ser bom convivendo com pessoas que não têm esse argumento, que não têm essa possibilidade. Então foi uma das coisas que dispersou muito aqui, talvez, o ensinamento do Monge, utopicamente falando. Mas eu tenho esse ganho dele, não pude vivenciar isso, madurar isso, mas é uma qualidade que eu acho assim diferenciada, ele como ser humano, que todos os meus amigos, todos as pessoas que ouviram ele, viram ele uma vez, todos comentam essa coisa da delicadeza, essa pausa que ele tem para falar. Quando ele dá uma pausa para falar, eu sempre o via ouvindo, isso é uma coisa que me chamou muito a atenção nele, ele tinha a mania de pausar. Ele falando, pausava. Ouvindo a respiração de alguém, a intenção de alguém, isso para mim era muito importante.

Ele nunca era uma pessoa assim... pessoal. A coisa mais linda que o Zen através do Monge Tokuda me possibilitou era que nada era pessoal. Quando eu saí do mosteiro e vim para aqui assim, então foi uma porrada, aqui tudo é pessoal. Essa é uma outra coisa assim dele que eu acho de uma versatilidade imensa.

E outra coisa que eu acho mais agradável é essa coisa de que realmente nós precisamos mesmo, urgentemente, acostumar com o outro, gostar do outro, amar o outro, com todas as incertezas de todo mundo, indelicadezas de todo mundo, nós precisamos viver com isto e conviver com isso. Foi uma coisa que para mim funcionou bem com o Monge Tokuda.

É essa coisa mais difícil foi essa coisa do ouvir. Isso para mim me chamou muita atenção nele, porque eu falava que o

Monge Tokuda ouve um, ouve outro, ouve todo mundo e não tem uma atitude... Isso foi um Koan para mim durante muitos anos. Essa coisa de ouvir o outro, dar atenção para o outro, dar valor para o outro, o tempo inteiro... sempre para todos dando valor, para as ideias e qualidade de cada um... e ele nunca assumiu isso. Era um mineiro, um mineiro Zen, um Zen mineiro. É uai, fica dando atenção para um e para o outro, em cima do muro, mas com uma qualidade diferente, não é uma coisa intencional, é uma coisa assim para não precipitar a atitude.

Então isso para mim é uma coisa das mais gratificantes do Monge Tokuda, e é difícil entender isso, no sentido assim, é difícil madurar isso nesse mundo, porque todo mundo mente, todo mundo quer ser alguma coisa, todo mundo quer ter alguma coisa, então isso é horrível, não dá para você treinar ser bom, viver bem, não dá para você treinar, não dá. Porque para mim todo dia é um treinamento, todo dia você respira, tem de escovar dente, comer bem, não tem essas bobagens todas? E é difícil hoje em dia, porque está todo mundo falando mal um do outro, ninguém quer aceitar o outro. "Ah, você é diferente, então está difícil". Está sem lugar para você criar valores. Então o mundo para mim perdeu isso e nós assim, indiferentemente a isso, perdemos o Monge Tokuda, no sentido de um homem que sustentava e que sustenta isso, os valores humanos de tudo.

Toda pedra, toda folha, todo ar, todo momento tem uma estupenda graça, mas isso é uma coisa que você não pode provar. A não ser que você conviva com pessoas que estejam intimamente ligadas convivendo com isso.

Isso é uma coisa dele que eu acho que é inerente... Eu conheci pessoas assim, sem precisar meditar, sem precisar ser doutores, sem precisar ser nada. Ao contrário. Admitindo erros, admitindo fraquezas das possibilidades de pensamentos, ideias e tal. E junto com isso, não tem como ser uma pessoa assim, viver bem. Aqui é difícil, não tem um lugar, as orações não existem mais, as cerimônias não existem mais, e é muita pressa, tudo muito rápido, uma coisa quebrando a outra, desfazendo coisa para fazer a outra.

E eu sou meio... você vê na minha casa, só tem plantas... aqui tem um quarto cheio de instrumentos, mas também não me interessa esse negócio de música, assim no sentido que tem essa aí, que você tem de ser alguma coisa, que tem de tocar música... Não é pretensão minha, nem de nada, nem de ninguém. É que, enquanto a gente não ouvir o outro, não estiver integrado, é difícil, e nós não estamos entendendo isso.

Com o Monge Tokuda aí era muito fácil isso. Ele facilitava esse tipo de coisa. Porque existia uma coisa nele que é muito interessante, e hoje não tem muito, que é o respeito. As mesmas pessoas que respeitavam ele não respeitavam outras. Então isso também não interessa. Mas dentro com ele existia essa manifestação, esse estudo, existia esse carinho e a pessoa, pelo menos naqueles momentos com ele, tinha esse fragmento, de respeitar, de ouvir, de aceitar... depois poderia ficar puto, sair, mas o Monge Tokuda tinha essa facilidade de, utopicamente, que a pessoa aceitasse o outro, recebesse o outro, se alegrasse com o outro.

Eu convivi com muita gente boa, com muita gente simples, tem muita pessoa maravilhosa que eu trabalho atualmente, que também tem esse mesmo carinho, mas essa, talvez, seja a falta muito grande dele, da união. Da coisa sem roupa, sem manto, sem essa alegoria da justificativa, todo mundo justificando tudo o tempo inteiro, todo mundo dando nome às coisas... Então isso para mim era um prazer imenso, conviver com ele. Isso é uma coisa que ele se distingue até hoje, essa coisa doce mesmo.[36]

---

[36] Depoimento gravado em 20 de março de 2008, Belo Horizonte-MG.

José Costa (Ko Ho Mokugen)[37]

Encontrei com o Mestre Tokuda no ano de 1981, quando então procurava clarificar a compreensão de mim mesmo e do mundo. Este "encontro" significa encontrar com o Dharma. Na verdade, o porquê do encontro não carece e nem se consegue explicar. Em japonês se diz *En*, o que poderia ser traduzido por encontro, sorte, destino, laço etc. A palavra não importa muito. O importante, posso dizer, é que tive uma sorte muito grande em encontrar com o Dharma. Existe um Sutra que diz: "O Dharma, incomparavelmente profundo e precioso, é raramente encontrado, mesmo em centenas de milhares e milhões de ciclos universais". O encontro com o Mestre Tokuda mudou totalmente a minha vida. Após 10 anos de treinamento no Brasil ao lado do Mestre, eis que havia chegado o momento e ele me disse para ir treinar no Japão pela escola Soto Zen. Foi um momento de grande desafio em minha vida. Apesar da dor da separação, decidi deixar a família, a profissão da odontologia "até então com dez anos de exercício" e os amigos.

Em abril de 1991 recebi a ordenação e em agosto deste mesmo ano parti para o Japão para completar o Caminho que havia encontrado com o Mestre Tokuda. Fui então enviado para treinar com seu grande amigo no Japão, o Mestre Nakamura, superior do Templo I On In, na cidade de Nagoya.

Ao chegar ao Japão, não foi nada fácil. Apesar de ter todo apoio econômico, o choque cultural, a dificuldade da língua, a alimentação diferente, o clima rigoroso e outras dificuldades me balançaram o espírito e por muitas vezes pensei em voltar.

[37] Formado em Odontologia pela UFMG; Dez anos de exercício da profissão de dentista; Treinamento Zen no Brasil por 10 anos, principalmente no Mosteiro Zen Pico de Raios; Reside no Japão desde 1991; Treinamento no Templo de Eiheiji por 5 anos e 6 meses; Superior do Templo de Shosenji, em Aichi Ken, Tsushimashi; Presidente da Associação Cultural Oriente-Ocidente.

Levou quase uma década para me acostumar com tudo isso.

No terceiro ano, após aprender um pouco da língua, entrei em Eiheiji, o principal templo de treinamento que existe hoje em dia no Japão. Em média, ali treinam 250 Monges japoneses. Eu era o único estrangeiro no meio dos japoneses. Lembro-me até hoje, não foi nada fácil. Como entrei no inverno, fazia um frio insuportável. Por 4 meses nevou tanto que chegou a acumular cerca de 1 metro de altura de neve no solo. É bem conhecida pelo povo japonês a severa disciplina do treinamento em Eiheiji. Hoje reconheço que o rigoroso treinamento foi necessário e vantajoso, com o objetivo de dobrar o egoísmo. Tenho certeza de que, graças à base adquirida no treinamento feito no Brasil sob orientação do Mestre Tokuda, consegui passar ileso pelo rigoroso treinamento em Eiheiji.

Já está fundada em Belo Horizonte a Associação Cultural Oriente-Ocidente, que tem como objetivo principal edificar o Templo Zen das Alterosas. Pela razão natural do Dharma e como discípulo, é objetivo convidar o Mestre Tokuda a entrar na linhagem de Budas e Patriarcas desse futuro Templo. O Mestre Tokuda veio ao Brasil e por longos anos acendeu a centelha do Zen em centenas e milhares de corações brasileiros. Isto é atividade de Budas e Patriarcas e constrói a história do Zen Budismo no Brasil.

É claro que o Mestre repousa em estado espiritual além da crítica e do elogio. Creio que vá achar graça de tudo isso. Portanto, é verdade concreta que ele fez tudo pelo Zen do Brasil. Por isso, como diz nos Sutras: "o patriarca BodhiDharma não veio ao oeste", da mesma maneira podemos afirmar, sem dúvida alguma, que "o Mestre Tokuda não veio ao Brasil". Este é o correto e verdadeiro Dharma do Mestre Tokuda, que repousa na mais perfeita harmonia e tranquilidade.

Que tudo isso seja para o benefício de todos os seres.

Gasshô.

José Gil[38]

Meu primeiro Sesshin aconteceu em Porto Alegre no início de 1978, com o Celso, na época professor de filosofia e estudante de Zen sob a supervisão do Monge Tokuda. Fiquei muito contente com esse Sesshin, pois Celso contou algumas histórias sobre Monge Tokuda, sobre sua disciplina e forma silenciosa de ensinar. Falou também do rigor dos ensinamentos e da prática do Zazen. Fiquei bastante curioso e, em setembro de 1978, Celso me falou que Monge Tokuda estaria em São Paulo participando de um Sesshin de 3 dias, no feriado de 7 de setembro. Tomei um ônibus e cheguei a São Paulo no dia 6 de setembro. Lá chegando, me dirigi para o templo da Rua São Joaquim e toquei a campainha. Quem abriu a porta do templo foi exatamente o Monge Tokuda.

Foi muito atencioso e cordial naquele primeiro contacto. Fiquei impressionado com a leveza com que andava, com sua postura séria e nobre. No dia seguinte, acordamos cedo, participamos do Zazen da manhã, cantamos os Sutras, tomamos a primeira refeição do dia e depois fomos fazer a limpeza do templo e organizar tudo para o início do Sesshin.

Nesse dia conheci o Monge Marcos Beltrão e Monge Miguel que também participavam do Sesshin. Foram 3 dias de Zazen, aulas e comentários que eram feitos durante o Zazen, principalmente nos últimos da noite, que era quando estávamos mais cansados e desanimados devido à prática intensa. Esses comentários eram muito proveitosos e animadores. Um dia ele falou que desde que o homem existe sobre a Terra, nunca lhe faltaram roupas para aquecer o corpo e nem comida para saciar

[38] Desde 1983 venho tratando meus pacientes com Shiatsu, acupuntura, moxabustão e ervas medicinais. Desde 1985, venho praticando Aikidô com o Professor Ichitami Shikanai. Faixa preta segundo Dan.

a fome. Achei esse comentário de uma simplicidade fantástica.

No final do Sesshin, ele comentou que iria para o Mosteiro do Espírito Santo e perguntou se alguém gostaria de ir participar do Angô de verão. Eu falei que gostaria de participar. Então tomei um ônibus para Vitória, outro ônibus para Ibiraçu, desci na entrada para o mosteiro e fui andando por uma estradinha de terra, observando a paisagem linda do meio da tarde e lá no horizonte as montanhas onde imaginei que seria o Mosteiro.

Andei mais ou menos uns 3 quilômetros até que a estradinha começou a subir em direção à montanha. À medida que eu subia, a mala ficava mais pesada e isso me fez refletir sobre o que acumulamos e carregamos durante nossa existência. Quanto mais acumulamos, maior é o peso que precisamos carregar e menor é nossa liberdade. Quando concluí a subida, me deparei com um lugar muito bonito, um vale no alto das montanhas. Fui me aproximando de algumas construções bastante simples e simpáticas. Nesse dia conheci Monge Anibal e Monge Flávio, que moravam lá há algum tempo.

Depois do jantar, fui informado de que, para ser admitido no Mosteiro, teria que me submeter a um tipo de prova que se chama Tanga e é tradição em todo mosteiro japonês. Originalmente durava 7 dias. Nessa época foram 3 dias, nos quais fiquei numa sala pequena ao lado do Zendô, sentado desde as 3 da madrugada até as 21h. Recebia as refeições no local e só podia sair para as necessidades básicas. A hora de comer passou a ser um momento muito esperado, pois a comida estava sempre deliciosa.

Na noite do primeiro dia, Monge Tokuda chegou. Às 3 da madrugada do dia seguinte tinha Zazen. Monge Tokuda já estava participando. E eu lá na salinha, só, com os milhares de pensamentos e considerações. Então começou uma sensação com que fiquei intrigado. Eu estava sentado mas parecia estar deitado olhando para o teto da salinha. E lá ficava horas imóvel, com essa sensação. No entardecer do segundo dia, Monge Tokuda, de passagem pela salinha, me perguntou se estava tudo bem. Comentei sobre minha sensação de estar olhando para o teto e ele me falou simplesmente que isso se chamava Makyo (ilusão) e que não era para me importar com isso e continuasse na postura firme e correta, prestando atenção na respiração.

Josele Sodré Cupertino[39]

Ao Mestre Tokuda com carinho.

Estávamos em um retiro (Angô) no Mosteiro Serra do Trovão, na cidade de Lavras Novas, durante a meditação da madrugada.

A sala em que meditávamos era ligada por uma escada a uma sala superior, na qual permanecia o Mestre antes de passar o Kyosaku.

A escada rangia incrivelmente durante a descida de alguém, mas não com o Mestre Tokuda.

A leveza de seu caminhar venceu a aridez da madeira velha e – somente posso explicar desta maneira – ligada pelo sutil, pude perceber o silêncio de sua descida pairando como uma pluma no ambiente.

Os passos do Mestre, um ensinamento.

---

[39] Início de prática em 1997 na sala de meditação, Zadan, do monge Napoleão. Participei de vários Sesshins nos Mosteiros Pico de Raios, Serra do Trovão, Templo Bushinji, Templo To Guetsu. Recebi o nome budista Ji Nen, dia 05/01/06 pelo Dosho Saikawa.

Kenji Ono Sensei[40]

Tem bastante boas lembranças com ele e tem bastante saudade para ele. E quando chegar aqui eu queria vê-lo, para conversar alguma coisa que passaria com ele. A gente espera oportunidade para encontrar e estar algum momento com família com ele.

Lembranças gente momento a momento, né, muito curto, sabe, pode ser dois anos, três anos, a gente via ele, a gente encontrava, mas só momento e momento, e ele também trabalhava, viajava muito, então, lembrança da gente com ele, aquele momento que a gente fica junto então relembrar tudo, mais de saudade, porque aquela época aqui, última vez, encontrar ele assim, meu filho aqui, nasceu pouca época, sabe, aquela época que a gente tinha contato, mas ele estava fora do São Paulo, então quando voltava para São Paulo, aí por acaso encontrava na rua, aí a gente unia ele para almoçar, jantar, reunião nossa.

A gente o convidou para a academia, na Rua das Carmelitas, todo mês, toda semana... ele morava em Campos do Jordão, com a Simone [Zuenig], morava lá, toda quarta feira descia, dava Zazen para gente, aí no dia seguinte treinava e vai embora. Contato é muito pouco, mas para nós é lembrança muito grande. Caso ele tenha algum motivo para passar São Paulo, aí procurar esta academia, sempre às ordens, e gente mora perto de academia, aí família fica tudo contente. Tem bastante lem-

[40] Kenji Ono, ou Keizen Ono Sensei, nasceu em 1925 em Tóquio, Japão. Praticou Judô com Hiraki Kurashi Sensei até obter o grau de Shodan. No ano de 1963, passa a ser orientado na prática do Aikido por seu Mestre Kawai Sensei. Hoje Ono Shihan é o mais antigo aluno de Kawai Sensei em atividade. Em 1979, fundou a Associação Pesquisa de Aikido, na Rua das Carmelitas, Liberdade, onde esteve por muitos anos. Em 18/02/2006 recebeu de Kawai Shihan o certificado de Shihan, conferido pelo Aikikai Hombu Dojo do Japão. Keizen Ono Shihan vem se dedicando há décadas à arte da Acupuntura e à pesquisa e ensinamento do Aikido, que ele mesmo define "não como uma luta, mas como um ato de amor".

brança, mas para relembrar quando encontrar com ele.

E também uma coisa, depois gente não tinha oportunidade de ver, andando no mundo. Contato através de minha cliente e era também discípulo dele, era psicóloga, já faleceu com câncer, que se chamava... [talvez seja a Dra. Emília Pita]. A filha, também ficou psicóloga. Morava no Pacaembu, Antes de eu conhecer o Tokuda, [ela] já conhecia Tokuda. Quando Tokuda tinha reunião, ela sempre estava na reunião. Tinha muito assunto com ela, com o Monge Tokuda, inclusive filha dela é muito amiga do Tokuda. Tinha ligação muito forte com a gente, sabe, aí que falava muito Tokuda Sensei, inclusive, o genro dela ficou muito amigo de Tokuda Sensei. Sogro tinha alguma indústria. Tokuda Sensei tinha muitos amigos.

Quando a gente o conheceu, tinha contato com a São Joaquim, mas não tava muito bem. Ligação com o Zen dele, ele tinha algum nissei, esse foi meu aluno, assim que ele o conheceu, conforme ele passava lá, nossa academia, nosso grupo era mais que São Joaquim. Pouca pessoa, mas tinha muita ligação com ele. Inclusive discípulo dele, depois recebeu o título de Monge, esse rapaz estudava na USP, agronomia, um japonesinho... [Tsuioshi Yamada]. Largou Monge já, recebeu o título de Monge, esposa, namorando outra, casou, psicóloga, com ele aqui a gente tinha com Monge Tokuda, a ligação de nossa academia foi muito grande.

Não conheci muito a dona Simone, não conheci muito. Alguma vez encontrou com ela, ainda quando dona Simone morava perto da PUC, a gente passou a noite com Zen, noite inteira no apartamento dela. Um retiro.

Por favor, dá lembrança para Tokuda Sensei, satisfação grande por causa dele e família está esperando ele aqui em São Paulo.[41]

[41] Entrevista com o Kenji Ono Sensei, professor de Aikidô, em São Paulo, 20 de julho de 2008.

Laura Maria de Moraes Mourão[42]

Mestre Tokuda sempre teve o sonho de fundar um Mosteiro no Morro de São Sebastião em Ouro Preto. Começou usando uma casinha de D. Lica, que se tornou uma mãe para ele. Durante anos o Mosteiro funcionou neste local.

Começamos então com Paulo Melo a procurar terrenos disponíveis para adquirir. Foi uma verdadeira batalha diante da escassez de terrenos vagos em Ouro Preto. Em uma de nossas buscas adentramos mato adentro até chegarmos numa fazendinha sem estradas, pertencente ao Sr. José Pereira. Eis que, surpreendido, disse-nos que tinha um pedaço de terra no alto do Morro. Muito sugestiva sua primeira negociação: "Quanto é que ocês dá naquela porquera lá? Aquilo ali não nasce nada, só tem pedra!"

Qual foi a nossa surpresa, chegando lá, era o local ideal, além de ser o divisor de águas do Rio das Velhas e do Rio Doce. No local existiam túneis construídos por escravos com destino à Cachoeira das Andorinhas. Após adquirirmos esse terreno, uma empresa hoteleira tentou nos comprar o terreno por uma verdadeira fortuna, que recusamos, pois o sonho do Mestre não se vende! Iniciou-se assim o Mosteiro Pico de Raios.

Outra aventura Zen foi também a aquisição do terreno em Lavras Novas.

Tokuda representa e sempre representou para mim um verdadeiro Mestre e amigo, foi ele quem me ensinou, que a nossa vida de Mosteiro Zen a gente leva para o mundo, nas lutas do dia a dia. O aqui e agora, o desapego e a luta contra o nosso ego. Sinto-me muito honrada em ter participado de vários retiros e de sua sempre agradável presença.

Muito obrigada, Tokuda, por essas oportunidades maravilhosas.

---

[42] Bióloga com especialização em paisagismo. Especialista no restauro das obras de Roberto Burle Marx.

Lenita Guen Po E Sho[43]

Conheci Tokuda San em 1977, quando trabalhava como dentista, no centro de Vitória. Uma amiga me falou de um Monge que vivia em Ibiraçu, fundando um Mosteiro Zen Budista, junto com alguns jovens, onde se praticava meditação (Zazen), massagem terapêutica e agulhas.

Fui lá e levei minha mãe. Começamos um tratamento de acupuntura e shiatsu. O tratamento foi muito bom para minha mãe. Aquele método me fascinou. Ele atendia os clientes numa casinha no pé do morro. O mosteiro ficava lá em cima. Tempos depois fui conhecê-lo. Lá comecei a praticar Zazen e a estudar o Budismo. Cada dia gostava mais dessa prática e aprofundava o meu conhecimento.

Um dia, eu lhe disse que gostaria muito de aprender shiatsu e acupuntura. Então, ele me entregou umas agulhas e disse: vai praticando em pontos nos pés e pernas. Eu lhe disse que, se um dia ele fosse dar um curso, eu estaria interessada. Zen ou não, minha vida mudou a partir daí.

Saí de Vitória, fui morar em Nova Almeida, onde passei a frequentar assiduamente o Mosteiro da Vargem, fazendo amizade com alguns Monges que viviam lá: Aníbal, Paulo, Miguel e Zé Gil. Eles utilizavam minha casa como passagem, quando saíam do mosteiro. Nessa casa eu construí uma pequena sala para meditação.

No final do ano de 1982, recebo uma carta de Tokuda San fazendo um convite para eu participar do Zen Center de Belo Horizonte.

Lá, começamos uma grande vivência. Éramos oito alunos

[43] Formada em odontologia, foi ordenada pelo Monge Tokuda em 1998, em Lavras Novas-MG. Nesse mesmo ano, foi inaugurado o Templo Sen Guen (Olhos d'Água), Fazenda Velha, em Itamonte-MG, sob a sua coordenação.

de Tokuda San, morando numa casa onde estudávamos Shiatsu, Acupuntura, Kampoh, Sojin, Yakuzen e praticávamos Zazen todos os dias pela manhã e à noite.

Uma vez por mês, íamos para Ouro Preto, fazer Sesshin de quatro a cinco dias, na casa de Domitila do Amaral. Essa prática era aberta ao público, em busca de novos adeptos. Convivemos assim, durante um ano, no Zen Center.

No final de 1983, Tokuda San recebe uma doação de terras em Ouro Preto para fundar um mosteiro. Lá, ele começou a procurar o lugar ideal para erguer esse templo. Pra isso, convidou algumas pessoas para um Sesshin de sete dias, em que alguns ficavam e outros saíam e voltavam. Até que foi encontrado o lugar ideal, e com muito esforço e dedicação Paulo e Aníbal construíram a Casa de Pedra (Mosteiro Pico de Raios).

Tempo passando, cada um com sua vida: eu fui morar no Rio – trabalhar com Shiatsu e Acupuntura –, Tokuda San vai para Buenos Aires levar o Zen Budismo.

Um dia ele aparece no Rio – me diz que precisava de um tempo para ele – e ficou quatro meses na casa onde eu morava com Denise. Também foi maravilhosa essa convivência.

Em 1989, Denise comprou umas terras no Sul de Minas *(Itamonte – Terras Altas da Mantiqueira).*

Larguei tudo no Rio e fui cuidar dessas terras, construir, plantar e arrumar. Com a colaboração de amigos, construímos um Zendô para dez pessoas, com uma cozinha e um banheiro. Começamos a fazer Sesshin com os Monges: Marcos Beltrão, Sergio Olaya, Walter e Tânia Quaresma. Sempre com a ajuda de convidados que participavam com muita força e interesse.

Tivemos muitos Encontros e, em um destes, Tokuda San veio dar um curso de culinária Yakuzen *(cozinha de mosteiro para festas e banquetes)*, foi sucesso total!

Em fevereiro de 1996, Tokuda San estava no Brasil e fez o batizado de Julia Dessaune, filha da Denise. Eu fui a madrinha.

A cerimônia foi feita no Templo da Saint Roman, no Rio.

Mais tarde, Marcos sugeriu que eu pedisse a ordenação de Monja, e Tokuda San ficou muito feliz!

Em 1998 tive a ordenação no Mosteiro Serra do Trovão, em Lavras Novas. Foram ordenados Tabajara, Sérgio, Mariângela e eu.

Recebi o nome de *Guen Po E Sho*, uma homenagem às Agulhas Negras, vizinhas do Templo.

Estes dias foram intensos para mim, meu coração transbordava de alegria, amor e um profundo medo. Como seria de agora em diante?

Mais uma vez minha vida se transforma, o sagrado se alojou em meu ser.

Em 1999, Mestre Tokuda volta ao Brasil para um Angô, no Mosteiro Serra do Trovão (Lavras Novas). Um acampamento de três meses, com muita gente e muita prática. Tudo correu muito bem.

Em agosto deste ano, Mestre Tokuda veio à Mantiqueira inaugurar o Templo Sen Guen (Olhos d'água) e deu outro curso de Yakuzen.

Sempre é uma grande honra e muito prazeroso estar perto do Mestre Tokuda. Quisera ser eu um pequeno retalho cerzido nesse manto búdico, que é a linhagem do Mestre Tokuda.

Gasshô!

Lia Diskin[44]

Ao Mestre Tokuda

Meister Eckhart encontra Mestre Dogen. O impossível cobrou realidade nas palavras de Ryotan Tokuda, quando em palestra inspirada e inspiradora teceu um vínculo conceitual entre dois luminares da experiência mística que nunca se conheceram, distantes em tempo, espaço, culturas e idiomas. Essa foi a última palestra que Mestre Tokuda realizou na Palas Athena – a 5 de fevereiro de 1996.

Contudo, conheci sua desafiadora lucidez bem antes, em 1989, quando organizamos o primeiro Sesshin para leigos no Centro Raja, no município paulista de Itapecerica da Serra. Éramos um grupo de jovens inquietos e armados com um arsenal de "verdades" filosóficas. Trinta, talvez trinta e cinco desbravadores de um tempo marcado por utopias que se esfacelavam – a queda do Muro de Berlim, o fracasso das empreitadas libertárias na América Latina, o surgimento de uma geração *yuppie* autocomplacente e egocêntrica.

Como canalizar tamanha energia em efervescência? Como silenciar as mentes enraizadas em questionamentos vigorosos sobre um mundo que havia perdido suas referências existenciais? No decorrer dos quase três dias de convívio, Mestre Tokuda abriu caminhos e apresentou paisagens interiores que desconhecíamos. Com sua voz mansa, seu português conjugado em verbos sempre no presente, seu rosto impassível mas de olhar maroto, seu porte esbelto e elegante, foi criando metáforas ora aqui, ora ali, em uma enxurrada demolidora de qual-

[44] Nascida na Argentina, formou-se em jornalismo e especializou-se em filosofia budista na Índia, tendo o Dalai Lama como um de seus professores. Hoje, aos 50 anos, Lia vive no Brasil e dedica-se a assuntos essencialmente humanitários. É co-fundadora da Associação Palas Athena, um centro de estudos filosóficos sem fins lucrativos, dedicado à educação e à assistência social.

quer resistência. No final do último dia todos parecíamos e acreditávamos ser praticantes experientes. Desnecessário dizer que a grande maioria nunca havia sentado em Zazen.

Foi nessa ocasião que reconheci nele a pedagogia do despertar, a capacidade singular que têm os Mestres de desanuviar as consciências e infundir coragem para avançar na própria estrada, com honestidade e autenticidade.

Obrigada, Mestre Tokuda!

Lili e Benícia Ponciano[45]

O meu pai, Geraldo Ponciano Gomes, foi procurado pela senhora Domitila, que residia em Ouro Preto, para saber sobre a disponibilidade de alguma residência no Morro São Sebastião para um amigo dela. Posteriormente, acredito no mês de outubro ou novembro de 1982, chegou a mudança do Monge em uma tarde chuvosa. Tivemos de ajudá-los a carregar as coisas, eu, meus irmãos e um primo que estava por perto.

O Monge chegou acompanhado da Graziela, que estava grávida. Daí iniciou a grande amizade entre o Monge e a nossa família. Toda manhã, quando estava no Morro São Sebastião, o Monge vinha até em casa para tomar café com broa de fubá que a minha mãe, Dona Lica, fazia.

Ele tinha pelos meus pais um carinho muito especial e a nossa casa passou a ser a referência para muitos frequentadores e internos do Mosteiro. Até hoje os frequentadores do Mosteiro Pico de Raios prestam homenagem aos meus pais cantando Sutras em memória a eles.

Posso acrescentar que o Monge muitas vezes tratou do meu pai e da minha mãe com sessões de acupuntura, e nós éramos as cobaias dos alunos de shiatsu. Sempre que acontecia alguma comemoração a presença do Sr. Geraldo e de Dona Lica era primordial.

O Tokuda foi um grande amigo de nossos pais e continua sendo um amigão de toda nossa família.

Benícia, Lili e família Ponciano Gomes
Geraldo Ponciano Gomes *in memoriam*
Maria da Luz Pereira Gomes ("Lica") *in memoriam*
Filhos: Amélia, Lili, Benícia, Flau e Regina
Netos: André, Bruna, Karina, Lucas e Anamélia

---

[45] Amigas do Mosteiro Zen Pico de Raios – Ouro Preto-MG.

Luiz Carlos Garrocho[46]

A revolução silenciosa – O cenário da contracultura

Estamos nos anos 70, em Belo Horizonte. Sob os anos de chumbo do militarismo, havia, além da vida subsumida aos ditames do conformismo, duas saídas: uma política e outra existencial. Ecos de Maio de 68 ressoavam entre nós.

A opção pela abertura existencial era, muitas vezes, vista como alienação pelos segmentos que optavam pela via política. No chamado "mundo livre", extraído do pós-2ª Guerra Mundial, a revolta contra a Guerra do Vietnã, contra a exploração do homem pelo homem, contra as modalidades de assujeitamento, contra a destruição da natureza externa e a repressão da natureza interna conflagravam um plano unívoco para a vida. Celebravam-se novas possibilidades de corpo e espírito e aspirava-se a uma libertação social. No Brasil, ao contrário, ou você se opunha ao regime militar ou optava pela realização interna. Ou um, ou outro. Se a opção era celebrar a vida, isso era taxado de pura alienação.

Como a via política apenas discursava ou reagia sobre o mundo externo, ignorando a realidade do corpo e dos sentidos, sem falar nos modelos de socialismo repressor, a via aberta pelo Maio de 68 clamava, para muitos jovens, uma saída diversa: a vida valia mais a pena se sentida na própria pele, não para morrer lutando contra o regime militar, mas para expandir a própria consciência. Surgiam, assim, os caminhos do misticismo oriental, que se tornaram uma parte significativa da

---

[46] Pesquisador e criador teatral, arte-educador e gestor cultural (dirigiu o Teatro Marília no período de 1993 a 1996, o Centro de Cultura Belo Horizonte de 1999 a 2004 e os Teatros Municipais de BH de 2005 a 2008). Formado em Filosofia pela UFMG, com mestrado em artes pela Escola de Belas Artes/UFMG.

[47] Nesse sentido, agradeço especialmente às Monjas Mariângela Ryosen e Simone Keisen, por me auxiliarem na prática do Zazen.

chamada contracultura. Porém, alguma parte disso era uma nova forma de consumo. Os esquerdistas farejaram isso.

Gilberto Gil traduzia essa angústia que dominava os jovens nos idos 70, na letra intitulada sugestivamente de *Abra o olho*, e que expunha o diálogo hipotético entre as tendências existenciais e políticas:

Ele disse: "Abra o olho"
Caiu aquela gota de colírio
Eu vi o espelho
Ele disse: "Abra o olho"
Eu perguntei como é que andava o mundo
Ele disse: "Abra o olho"
(...)

E num dos pontos altos do diálogo, o interlocutor alerta novamente:

(...) "É delírio
Navegar nas águas de um espelho" (...)

O exército de um homem só

Vivendo esse conflito, exercitava-se uma juventude na busca de seus próprios caminhos. No entanto, tais tentativas não se tornavam capazes, sempre, de criar uma via que ultrapassasse o romantismo boêmio, buraco de recaídas e outras melancolias. Ou, ainda, que não ficasse atada ao fator geracional. Até porque as pessoas não continuarão eternamente nos seus 20 anos, e a entrada no mundo da produção ocorreria mais cedo ou mais tarde. Nem que fosse para ser marcado pela exclusão.

Faltava uma disciplina que abrisse as vias de uma *opção outra* para a vida. Mesmo porque a arte, por si só, contaminava-se muito rapidamente pelas necessidades do mercado e de suas vicissitudes. Estou falando de uma disciplina pessoal: não a possuíamos. E é nesse ponto que entra o Monge e Mestre

Ryotan Igarashi Tokuda.

O escritor e jornalista Marco Lacerda fez o convite para a conferência que um Monge Zen Budista daria no auditório da Fafich (Faculdade de Filosofia e Ciências Humanas da UFMG, em Belo Horizonte), lugar histórico de confluências de opções existenciais e políticas (experiências estéticas e psicodélicas, pesquisas acadêmicas, marxismo, psicologia transpessoal, focos de resistência ao regime etc.). Foi um susto enorme: esperava que um Monge oriental atendesse às nossas projeções coloridas de um mundo melhor. Pelo menos, era assim que o misticismo oriental desembarcava por aqui. O que vi foi um japonês de expressão jovial, não aparentando a idade que deveria ter, parecendo mais um praticante de artes marciais, vestido com um hábito negro e sem atrativos ou adornos de qualquer natureza, comportando-se de modo muito sóbrio e espontâneo. E não prometia nem paraísos artificiais e nem consolos metafísicos. Nenhum tom salvacionista. O que ele queria?

Marco Lacerda, ao apresentar o Monge Tokuda e referir-se ao Budismo Zen, empunhou diante do auditório uma revista estadunidense de ampla circulação, cuja capa dizia: "a revolução silenciosa do Zen".

Tokuda, que passaríamos, por influência de Marco Lacerda, a chamar carinhosa e respeitosamente de Tokuda San, começou a falar. Fiquei atônito. Não consigo me lembrar integralmente daquela conferência. Mas sei que fui bombardeado por uma série de frases que diziam uma coisa só: *retorno à vida concreta*, e isso não é pouca coisa! E, para quem esperava o deslumbre do misticismo, uma frase chocou: "Zen é também o pau de limpar cocô".

Ao contrário do que se esperava, Tokuda não fazia um convite para que fechássemos os olhos e entrássemos no mundo interior, numa espécie de transe hipnótico. E, por outra mão, também não cedia, como a cultura dominante queria (consumo, produção de bens, individualismo), ao mundo externo. O mapa existencial era completamente outro.

O que mais nos surpreendia, além disso, era o fato de Tokuda San não apresentar nenhum dogma, nem impor uma nova doutrina. Sua firmeza era de igual teor à sua flexibilidade. Havia um diálogo com a cultura brasileira: *onde nasce bambu também floresce o Zen*, costumava dizer. E mais esforço não parecia necessário. Era tudo tão estranho quanto íntimo da nossa vida e contexto cultural.

Num minuto, ele gostou de uma expressão hippie: "*é isso aí*". Não havia por onde, nos contatos com Tokuda, não se deparar com o real. Estávamos fisgados: *é isso aí.*

Pronto. A partir daquele momento, passamos a sentar em meditação, em Zazen, cuja postura Tokuda nos ensinava. Uma técnica simples e direta: basta sentar com a coluna ereta, os olhos ligeiramente abertos, sem se agarrar a nada, incluindo a necessidade de não se agarrar... A casa em que morávamos, na Rua Tomé de Sousa, transformou-se, por adesão de Roberto Leste, num Zendô.

Era tudo muito, muito diferente do que estávamos acostumados ou esperávamos sobre a revolução, seja interna ou externa, incluindo as chamadas práticas e exercícios espirituais. Nada de esoterismo, mistério e outras teorias. Nenhum saber prévio à experiência.

Aos poucos, uma infinidade de pequenas coisas foi se modificando. Muitas pessoas aprendiam acupuntura, medicina chinesa e praticavam a meditação sentada. Belo Horizonte, de repente, encontrava-se sitiada pelo exército de um homem só.

Micro revoluções

Tokuda não exibia sua erudição, apesar de conhecer filosofia e possuir uma vasta biblioteca que havia trazido do Japão, na qual eu vi livros de Nietzsche, só para dar um exemplo. Muito ao contrário, sempre se desfazia do que já era peso para o seu nomadismo. E assim, eu o vejo, naquela época, mais como um homem remando um barco na tempestade, que repentinamente te golpeia com seu remo e, num átimo, produz um acontecimento. Mais tarde tive acesso, via Internet, às suas conferências, incluindo os densos textos sobre a simultaneidade do tempo, sem falar na publicação do belo livro que é *Psicologia Budista*.

Nos nossos encontros, a cada momento ele nos surpreendia e tirava nosso chão. E isso não era um saber parado, mas algo que produzia um movimento.

Um dia, dentro do elevador da Fafich, estávamos um diante do outro, sozinhos. Eu com cabelos enormes, uma roupa vermelha com um casado de botões dourados, encarava aquele senhor que não se coloria de nada, apenas nos convidava a sentar em silêncio e quietude. Olhos nos olhos. De repente, ele me diz:

– Hoje, é o desejo pelo sexo. Amanhã, será pelo poder!

E a porta se abriu. E não houve explicações, nem qualquer digressão. Mais uma vez, fiquei atônito. Como esse senhor pode dizer assim, de nós, que amávamos tanto a revolução? No entanto, o golpe reverberou por todos os meus dias. Obviamente que explicar tudo isso não traduz nunca a força do movimento. Melhor não explicar. Fique, você também, com essa.

A palavra é *sobriedade*. Vi isso quando fui viajar com Tokuda e um grande grupo. O seu objetivo era construir um espaço para o Zen no sul da Bahia. Antes de sairmos, ele pegou rapidamente uma porção de arroz, amassou com as mãos formando bolinhos, guardando-os num pequeno saco de papel. Viajamos numa Kombi até a Bahia, passando pelo Mosteiro Zen Morro da Vargem, em Ibiraçu, no Espírito Santo. Parávamos, vez por outra, para comer nossos sanduíches e aquelas coisas todas, gastando dinheiro, enquanto Tokuda San, tranquilamente, abria seu embrulho e comia bolinhos de arroz. Só hoje eu consigo perceber, depois de muitas voltas, que esse gesto já dizia tudo: contentar-se com pouco.

O caminho que corta no meio

Perdi o contato com Tokuda e a prática do Zen. Na Bahia, desci sozinho, de volta, sem dar conta do confronto comigo mesmo. Os tempos outros: o fim das utopias, o choque do petróleo, o enxugamento dos investimentos sociais dos governos, o desemprego em massa. Uma cultura de cinismo triunfante passou a dominar e a tomar todas as esferas. Vieram os filhos. Fui estudar filosofia. E a experiência com o Zen tornava-se rarefeita. Tive medo da morte. E, ao mesmo tempo, eu me fazia, constantemente, a pergunta: qual a minha disciplina?

Deparava-me com a questão do que poderia ser a minha entrega à arte. Mantinha o foco na cultura lúdica da infância, na qual havia começado juntamente com os caminhos do teatro. Porém, algo me escapava.

Apesar de "esquecido", o Zen começou a reaparecer, aqui e ali, cobrando um confronto comigo mesmo. Foi com o *retorno* a esse *assento do vazio* que uma disciplina criativa começou a desenhar-se nas minhas buscas em relação às poéticas corporais, caminho da criação artística que me tocava, então. Nesse retorno, praticar Zazen tornou-se não só uma disciplina para o trabalho, mas, também, para a vida[47]. Para dar apenas um exemplo, nos meus estudos sobre teatro físico, no qual a corporeidade é o elemento chave, a atentividade torna-se potencializada através da prática do Zazen.

Quase três décadas depois, revi Tokuda em Belo Horizonte, quando o receberia na porta do Centro de Cultura Belo Horizonte, do qual estive na direção. E tive a oportunidade de receber *outro golpe de remo*: com imenso bom humor, os olhos brilhantes, e com uma receptividade impressionante, Tokuda devolvia para mim o que parecia apenas um comentário banal e simples. Ele apenas disse, com uma boa gargalhada: "é mesmo?"

Mais não precisava.

Pude, além disso, confirmar nos movimentos corporais de Tokuda o estado de atenção plena. Naquele dia em que ele daria a conferência, minutos antes um senhor que estava na biblioteca sofrera um desmaio e saíra de maca, levado pelo serviço médico de urgência. De cima da escada, vi o movimento das pessoas, e, de repente, Tokuda San apontava lá na rua, com uma camisa branca e um blaser escuro. Ele não se alterou quando a maca passou ao seu lado. Outros olhariam com curiosidade, estresse (um homem sendo carregado numa maca, saindo de um espaço cultural), com expressões fisionômicas carregadas. Uma corporeidade perturbada, diria, por emoções confusas... Ao contrário, Tokuda viu o homem passar na maca, olhou para a porta central ("é neste lugar, do qual sai um homem carregado, onde eu irei entrar e dar uma conferência"), e subiu as escadas. Sua atitude era tanto de total relaxamento quanto de máxima prontidão corporal: percebi pela sua atenção que, se houvesse necessidade, ele estaria pronto para entrar rapidamente em ação. Registrava o que ocorria e passava adiante. Estava disponível e atento.

Mais uma vez, depois de muitos anos, eu o vi novamente no exercício incansável de ser receptivo e, ao mesmo tempo, de se desfazer dos núcleos duros de subjetivação, vinculações e outras aderências.

É isso aí.

Magali Lobosco[48]

1. Eu estava tentando parar de fumar e preocupada pergunto ao Mestre:

Cigarro faz mal?

– Se você achar que faz... vai fazer...

No meu entendimento... ele quis dizer que fazem mal os nossos pensamentos e preocupações exageradas...

Que com o coração tranquilo, tudo fica mais fácil... até largar o cigarro.... não precisar dele...

2. Fui Tenzo (cozinheira do Mosteiro durante um Angô – período de 100 dias seguidos de meditação). Passamos por momentos difíceis, muitas restrições, e eu trabalhei em cima de um cardápio severo, arroz integral, nabos, cenoura, brócolis, sem docinhos, nada de alegrar o coração)...

Quando terminou,o Tokuda me levou a um restaurante em Ouro Preto e pediu Bambá de couve e cerveja... Fiquei espantadíssima. Primeiro, não bebo, e segundo, não comia carne... Não sabia o que fazer... Tentei comer o que pude e bebi dois dedinhos de cerveja...

Mas o interroguei para saber o que representava aquilo e ele me disse:

– No Mosteiro não se come carne para evitar clima de "achuria", quer dizer sangue, matança... em japonês...

E que não era importante comer ou não comer carne...

Entendi que, mais importante do que não comer carne, era se restringir da carne, quando fosse necessário, para o nosso

[48] Autora do livro *Fitoterapia Chinesa – Uma introdução a Tradição e ao uso da plantas orientais*. Trabalha há 17 anos com Fitoterapia Chinesa no Rio de Janeiro. Acupunturista e fitoterapeuta , formada em Medicina Chinesa e Fitoterapia Chinesa pelo Mestre Zen Tokuda Igarashi. Viajou pela Índia e China estudando sobre meditação e ervas medicinais. Formada em Fitoterapia Chinesa pelo Health Center, China – Academy of TCM – Beijing PR, China.

treinamento.

De novo eu percebi que tinha que ter mais consciência dos meus atos do que tentar seguir regras...

3. Um dia fui visitar o Mosteiro e eu estava na cozinha ajudando o Tenzo (o trabalho da cozinha é também uma meditação e muito respeitado dentro do Mosteiro, a comida que vai nos alimentar é sagrada e o ambiente dentro da cozinha tem que ter harmonia, silêncio, tranquilidade...), quando apareceu uma novata. Ela provou a comida (coisa que não se faz no Mosteiro), depois me deu uma sugestão, eu agradeci e disse que quem entra na cozinha fica sendo um braço a mais para o Tenzo, que não compete tomar decisões e sim seguir as instruções... Continuou a moça a tagarelar e dar opiniões e provar da comida... e eu pedi que ela se retirasse pois estava atrapalhando a minha concentração. Ela saiu um pouco enraivecida e na hora da palestra perguntou ao Tokuda por que os discípulos deles eram impacientes e agressivos.... Ela esperava encontrar um ambiente de gentilezas e sorrisos, mas não era o que acontecia ali.... (eu afundei... receosa...)

E ele respondeu: "– No paraíso do Zen... só tem lugar para dragões!!! Só quem luta por alguma coisa consegue executá-la. Você deveria agradecer à pessoa, que perdeu seu tempo se dirigindo a você para orientar alguma coisa..."

Entendi que na vida a gente não para ouvir uma pessoa tentando nos mostrar alguma coisa que não entendemos... preferimos nos iludir com sorrisos e palavras agradáveis....

4. Nessa mesma visita tive um comportamento não muito correto... Cheguei atrasada às meditações... faltei a umas para passear no jardim, enfim, me comportei mais como visitante do que antiga praticante... Depois de 3 anos morando no Mosteiro debaixo de treinamento rígido, fui morar no Rio de Janeiro e agora queria me sentir um pouco livre, não tão presa às rígidas regras de comportamento do Mosteiro... Mas... depois

fiquei envergonhada... porque o praticante antigo é o exemplo para os novatos seguirem...... e me dirigi o Monge Tokuda e pedi desculpas, disse que estava vivendo um momento diferente... queria sentir o Mosteiro de outra forma.... que eu não tinha conseguido quando morava lá....

E mais uma vez ele me surpreendeu: ...

– Você já é veterana e já sabe o que deve ser feito...

5. Uma vez, estávamos vivendo um período de muitos acontecimentos e realizações, e houve um desentendimento entre discípulos e quase estremeci quando eu o ouvi dizendo: "Prefiro que tudo se acabe, o Mosteiro feche.... desde que alguém aprenda alguma coisa, com o acontecido. O construir é muito bom... mas o fundamental é o nosso aprendizado".

6. Bronca nos discípulos: "Vocês estão se mirando mais nos meus erros dos que nos meus acertos".

7. Eu era novata... toda desajeitada, não sabia fazer Zazen direito, mas me esforçava... Um dia eu devia estar torta ou sonolenta no meio de um Sesshin um Monge passava o kyosaku (espada de madeira que é usada para bater nas costas no ponto da contração muscular que nos impede de ficar numa postura correta). Eu não conhecia bem e fiquei com medo do barulhão que aquilo fazia... e normalmente a pessoa faz um gasshô, quando quer receber o kyosaku, eu não fiz nada fiquei quietinha, apesar de estar toda torta e o Monge decidiu por mim, bateu o kyosaku nas minhas costas... levei um susto... mas... na realidade, faz mais barulho do que dói...

No dia seguinte alguém contou ao Monge Tokuda a história do kyosaku, e ele na palestra... de novo nos surpreendeu: "O kyosaku é para ser usado como uma galinha, quebrando o ovo, para ajudar o pintinho a nascer. Tem que ser na hora certa, a precisão absoluta de não machucar e sim ajudar ao outro a atravessar aquele momento difícil".

Bem... essas passagens guardei no meu coração... pois foram extremamente valiosas para mim... Não sei se serão para outras pessoas... Aprendi muito no Zen Budismo e me considero outra pessoa depois de ter vivenciado a experiência de ter morado quase 3 anos no Mosteiro. E serei eternamente grata ao Monge Tokuda e ao pessoal do Zen que fizeram estas experiências possíveis.

Magda Jaku Ho Gyoku En[49]

13/09/07

Estou em frente ao altar dos patriarcas. Acendo a vela, ofereço um incenso, reverencio. Olho para a foto do Mestre Tokuda do lado esquerdo do altar, hoje ele sorri alegremente, meu coração também hoje está sorrindo, por nada, apenas eterna gratidão ao Mestre.

20/09/07

Iniciamos o estudo do Sutra do coração. Um dia, quando preparávamos a cerimônia da Vesaka, a Pat me disse que a tradução desse Sutra não está correta. Então nos recordamos das vezes que Monge Tokuda falava que ainda não havia chegado o momento e a pessoa que iria traduzir corretamente este Sutra para a língua portuguesa. No dia em que iniciamos o grupo de estudos do Prajna Paramita Sutra do Coração, pela manhã acendi um incenso e fui oferecer ao Mestre, ele sorriu radiante. À noite muitas pessoas vieram, então iniciamos o estudo.

03/10/07

No dia em que fui fazer o meu primeiro Zazen, vi pela primeira vez o Monge Tokuda. Estava parada em frente à clínica do Regis, aguardando junto com outras pessoas do lado de fora. De repente passa na calçada à minha frente um jovem japonês de cabeça totalmente raspada. Acompanhei-o com o olhar até sumir ao dobrar a esquina. Era o Monge Tokuda, tinha 40 anos e parecia ter 20. Não me lembro a sequência dos fatos, lembro apenas que quando se iniciou o Zazen estava sen-

[49] Nasceu em Belo Horizonte-MG. Foi ordenada Monja Zen em fevereiro de 1996 pelo Mestre Tokuda Igarashi, no Mosteiro Zen Pico de Raios, Ouro Preto-MG. Fez Angô no Japão em 1997. Em 17 de setembro de 2006, foi novamente ordenada pelo Doshi Saykawa Roshi – Templo de Busshinji – São Paulo-SP.

tada ao lado dele. Meu primeiro Zazen, sentada ao lado de um Monge, nem sabia ainda o que era o Zen, estava ali porque entrei em crise existencial e estava havia um mês obcecada com a ideia de aprender a meditar. Mas foi tão forte que quando terminou o Zazen e me levantei, bati a cabeça em algo e caí. Algumas pessoas me socorreram. O Monge nem se manifestou. Apenas iniciou uma palestra e prosseguiu falando calmamente. Ao final da sessão, ele perguntou como é que eu estava. Havia acabado de encontrar a meditação que buscava e de quebra um Mestre que nunca nem sequer sonhara em conhecer. Na verdade, nem sabia o que representava um Mestre na vida de uma pessoa e só fui descobrir isto muuuuito, mas muuuito tempo depois.

Depois disso fui fazer um Sesshin no Busshinji. Estavam lá a Rita (Alemã) e o Marcos Beltrão. Não me lembro de muita coisa. Mas me lembro um dia de ter encontrado o Monge Tokuda na São Joaquim, perto do Busshinji e ele pegou meu pulso e me perguntou: "você está com dor de cabeça?" Respondi que sim e me perguntei "como será que ele adivinhou?". Quando nos despedimos percebi que a dor de cabeça tinha passado. Mas antes de nos despedirmos, ali mesmo ele me passou uma fórmula de Kampoh. Não anotei, mas não me esqueci. Fui até o Mercado Municipal de São Paulo, comprei todos os ingredientes, preparei o chá e tomei durante muito tempo conforme ele receitou. Depois, com o passar do tempo, vim a saber que aquele era o famoso *Syo Sayko To*. Talvez esteja passando a ideia de que ocorreu um milagre. O milagre é que o Monge Tokuda era uma pessoa que se interessava verdadeiramente e estudava com profundidade a medicina chinesa e a aplicava como o Buda, curando pessoas com suas habilidades de médico de almas. Ele gostava muito de usar a fitoterapia chinesa e desenvolveu um chá similar ao *syo saiko to* original, com ervas brasileiras.

O Morro da Vargem

Então decidi ir para o Mosteiro de Ibiraçu. Chegar lá era difícil. O Mestre sempre gostou de lugares quase inacessíveis para construir os Mosteiros. A primeira vez que subi aquela montanha fiquei maravilhada com a beleza do lugar. Depois de caminhar por uma estrada íngreme e estreita, passando por um enorme rochedo azul, uma pequena queda d'água que cantava morro abaixo, me aproximei de uma casinha na beira da estrada, estava aberta, espiei, não havia ninguém. Segui viagem, entardecia. Mais adiante algumas casinhas de madeira. Ali estava o Mosteiro Morro da Vargem. Ao me aproximar percebi total silêncio, era hora do Zazen. Acabava de chegar para o meu primeiro Sesshin. Todos os dias aquele Zazen que nunca acabava e o sofrimento também. À tarde o Mestre dava Teishô e um dia eu perguntei algo sobre a postura do olhar, ele respondeu "Buda". Acho que não entendi nada, mas isso ficou gravado. Ele sempre perguntava, "entendeu?" e eu respondia "entendi", mesmo que não tivesse ficado claro. Pura verdade!

No final do dia ele ia embora para aquela casinha de madeira, aquela que eu havia encontrado quando cheguei. Ficava sempre aberta. Quando ele descia por aquele caminho, me dava sempre a impressão de que ele estava flutuando. Era só impressão, que ele não era disso. Aquela casa era linda, cheia de objetos japoneses, tanta coisa linda e diferente. Meu primeiro contato com o Oriente. Quando terminou o Sesshin, ele nos convidou para comer em sua casinha de madeira e cozinhou para nós algo delicioso. Eu era iniciante, ficava só olhando tudo que acontecia, mas dali surgia meu encanto pela Sangha, gostar de viver em comunidade, gostar de viver em Mosteiro. Aquele Monge tão alegre, tão brincalhão, tão sério, tão generoso, tão espalhafatoso, tão compenetrado, compartilhava tudo com todos e nos fazia rir, nos fazia contentes.

No dia seguinte fomos à cidade, alguém ia partir, alguém ia ficar. Mas antes ele nos convidou para um café com pão de queijo mineiro. Ele gostava muito, principalmente do café. Quando nos despedimos, fomos nos afastando e quanto mais distante, mais ele estendia os braços e pulava com alegria a me dizer adeus. Aquela imagem permaneceu comigo grande parte da minha vida, me confortou o coração e me trouxe alegria. Cada vez que eu fugia do Zazen, essa mesma imagem me trazia de volta. Bênçãos ao Monge Tokuda.

Talvez valha a pena contar que, naquela época, o treinamento no Mosteiro de Ibiraçu era muito forte. De 1 a 7 e 21 a 27 de cada mês haviam os Sesshins pequeno e grande respectivamente. Os Monges comiam o que havia por lá. Arroz plantado no sopé da montanha pela família do Sr. Rodrigues e da Dona Violeta (por favor, me corrijam, pois não tenho certeza quanto aos nomes)... Estavam lá o Tainha, o Aníbal, Zé Gil e Miguel, são os que me lembro. Faziam mutirões para ajudar no plantio ou na colheita e recebiam arroz como doação. Mutirão de farinha, mutirão de rapadura. Fruta que tinha muito era jaca. Serviam jaca assada, jaca cozida, jaca à milanesa. Caroço de jaca assado, cozido, torrado e feito farinha. Também tinha muita banana e a banana sofria transformações que iam de torta à farinha. Os Monges também colhiam mel e este era um alimento bastante usado em algumas refeições. O mel com farinha, hum!!! Zen de terra, como dizia o Mestre. A horta tinha muita verdura, uma plantação de inhame e muitas folhas de taioba. Tinha milho que virava uma massa de pizza deliciosa, com molho de tomate da horta e queijo produzido ali mesmo com leite da Violeta (como era mesmo o nome da vaca? Acho que esse era o nome da jumenta tinhosa). Reinava a criatividade. Era a culinária Shojin adaptada à realidade daquele maravilhoso momento. Numa casa que ficava no sopé da montanha, o Mestre fazia atendimento com acupuntura. Os Monges extraíam mel de abelha e processavam para vender, conseguindo assim a manutenção do Mosteiro.

Itapema

Depois do Morro da Vargem fui encontrá-lo na Itapema. Lá funcionava a clínica de acupuntura chamada Instituto Vitória Régia, funcionava também um Zazendo onde havia Zazen todos os dias pela manhã e as quintas-feiras à noite, quando vinham 14 a 20 pessoas e o Mestre dava Teishô. Ali moravam Monge Tokuda, Vinicius, Marcos, Zé Gil. Um dia pedi para ir morar lá e ele deixou. Eu cozinhava, cortava ervas e pesava para fazer o Syo Saiko To. A Mariana Mata Machado também fazia esse trabalho na casa dela. Monge Tokuda tinha um excelente relacionamento com essa família Mata Machado e, às vezes, íamos fazer Sesshin de 7 dias na Fazenda Caco de Cuia, no município de Itabirito, que pertencia ao Rodrigo Mata Machado. Iam muitas pessoas e todo mundo sentava Zazen, apesar dos pernilongos que atacavam muito. Lembro que uma vez o samu na fazenda era um mutirão de plantio de feijão e aí o Dudu saiu plantando ligeiro dizendo que tinha recebido o caboclo plantador e todos nós rimos muito.

Os Sesshins eram duros, mas eram divertidos e todos queriam participar, todos nós queríamos sentar e ficar perto do Monge Tokuda. Ele tinha muitas e excelentes ideias, uma delas seria patentear e comercializar o *Syo Saiko To* brasileiro. O Zen no Brasil não tinha recursos para sobreviver, então ele sempre pensava em algo que viabilizasse essa sustentação. Mais tarde, a preocupação era com a formação dos Monges para que pudessem sobreviver dignamente e então ele dava cursos de Medicina Chinesa e Kampoh. Muitos de seus discípulos e alunos sobrevivem até hoje com esse trabalho. Inclusive eu, que embora não tenha sido sua aluna na maior parte dos cursos, aprendi muito observando-o. Ele sempre ensinava tudo que sabia, generoso e compassivo. Acolheu-me na Itapema e nesse momento tornou-se para mim um pai amoroso. Tudo bem, era uma síndrome da qual só pude me livrar após muitos anos. Mas essa transferência salvou a minha vida e, embora ainda tenha cometido inúmeras loucuras depois, creio que poderia ter sido pior se não o tivesse encontrado e recebido de sua parte tanto respeito e compreensão. Se hoje estou nesse caminho posso dizer que devo grande parte disso à paciência, paciência e paciência que ele teve comigo.

Certa vez ele obteve a promessa de doação de uma fazenda em Camaçã na Bahia. Seu sonho era fundar a Universidade Budista Brasileira, um maravilhoso sonho que está em andamento. Mas os sonhos de Mestre Tokuda são tão grandiosos que levam anos para se concretizar. Ele dizia "é para as gerações futuras, para daqui a cem anos". Mas, voltando ao assunto Camaçã, lá fomos nós, uma pequena troupe e lá nos instalamos numa pequena casa, na fazenda do Liliu, fizemos contato com o povo do local, fazíamos Zazen pela manhã e à noite. Durante algum tempo eu dava aulas para as crianças do local e da fazenda vizinha. Marcos Beltrão carregava baldes e baldes com água desde a fonte até a caixa d'água. Uma vez recebemos material didático doado pelo Dudu de Beagá para as crianças. Essa experiência foi interessante, mas o projeto não vingou porque os doadores não concretizaram a doação. Imagino que o Monge devia achar estranho que num país tão grande, tão rico em terras férteis e improdutivas, não houvesse sequer um doador de porte que pudesse amparar suas nobres ideias; diferente do Japão onde as pessoas compreendem o ato de doar como um benefício para si próprias.

A gente vai vivendo como Monge aqui no Brasil e vai vendo como as coisas acontecem. Como agora eu entendo o Monge Tokuda, que naquela época enfrentava tudo com alegria, sempre com um sorriso nos lábios, sempre com boa vontade e disposição. E, ao contrário, ao invés de receber doações, era sempre ele que doava. Comprou lindos móveis antigos que permanecem até hoje no Templo Pico de Raios. Muitos livros importantes sobre Budismo em geral, Zen, acupuntura, fitoterapia chinesa etc. Na época em que vivia em Ouro Preto, trabalhava na clínica do Mosteiro e ia a Belo Horizonte atender seus pacientes. Assim garantia sua sobrevivência e parte da manutenção do Mosteiro.

Ouro Preto

Então iniciou a época de Ouro Preto, a época do Pico de Raios. Um dia ele apareceu com o Kako lá na Itapema, estavam em um jipe e dizia que estava se mudando para Ouro Preto para fundar um Mosteiro. A Nicole foi junto. Aquele jipe, se existisse até hoje, teria história pra contar, quantas subidas e descidas... Levantaram acampamento em um terreno que dava vista para Ouro Preto. Essa época não acompanhei. Algo aconteceu e então surgiu a "Casinha Azul" no Morro de São Sebastião. Na verdade ele alugou essa casinha para passar o fim de semana. Mas nós, a Sangha, fomos invadindo e ele em sua generosidade, cedendo. Quando viu, já estávamos e os Sesshins aconteciam, não sei ao certo, mas acho que era uma vez por mês. A Casinha Azul era mágica, pequena, mas cabia muita gente. Maioria de Beagá, mas depois começou a vir gente de outros estados e de outros países.

A gente que vinha de ônibus subia a pé aquela estrada íngreme andando 40 minutos, quando chegava na pracinha do Morro, subia mais um pouco até a altura da casa de Dona Lica. Ali, beirando a cerca, descíamos por um caminhozinho de erosão pluvial e lá, mais em baixo, estava a Casinha Azul. Como era linda. Aníbal passou um tempo lá cuidando dos jardins, colocou bromélias sobre as árvores, colocou pedrinhas, tratou aquele lugar com tanto carinho que lindo ficou e permanece até hoje em nossa memória. Na Casinha Azul todos nós tivemos momentos inesquecíveis. Quando havia Sesshin, os Teishôs eram dados ao ar livre, sentávamos na grama do jardim. Ali recebíamos a mais pura dádiva. O Teishô era sempre muito forte, ele falava e as palavras iam direto ao coração. Naquela época eu só fazia chorar, quanto desperdício de tempo... como dizia o Monge: "é isso aí".

O samu era limpeza de casa, plantio e cultivo de hortaliças, muito contato com a natureza. Dormíamos todos dentro da casa, esparramados pelo chão. Havia apenas um banheiro, para banho e para necessidades e isso, pelo menos que eu me lembre, nunca foi problema. A gente se virava. O importante era estar ali. O chão da casa era de tijolo, o forro de esteira de bambu; havia sido pintado de branco, pois estava velho e desgastado com o tempo. Apenas três quartos na casa. Um era minúsculo e dava para apenas uma ou duas pessoas. Outro fora transformado em Zazendô e o terceiro era onde se concentravam as moças. Havia uma sala central que era um espaço funcional, sala de refeições, Zazendô, quarto de dormir, sala de reunião, dependendo da ocasião. Havia também um outro quartinho e uma pequena cozinha. Do lado de fora um tanque e o banheiro. Imagine quando chovia. Chovia e as coisas corriam como tinha de ser. Tudo bem. E de novo estávamos nós lá, para outro Sesshin e sobretudo para estar na presença do Mestre e ouvir seus ensinamentos.

Houve o tempo do chocolate. Ele adorava chocolate e traduzia algumas receitas de um livro japonês. Minha tarefa era executar as receitas. Mas ele tinha visão e conhecimento e pensava de um jeito que eu não consegui acompanhar. Resultado, tentei, mas não pude alcançá-lo. Sinto tê-lo decepcionado com minha tacanhez.

Quando encerrava o Sesshin, se havia alguma comemoração no Morro de São Sebastião, lá íamos nós, junto com Monge

Tokuda, participar dos festejos junto à comunidade local. As pessoas se sentiam honradas com a nossa presença e nós curtíamos muito estar ali juntos com elas. Era o nosso "voltar para o mercado", a festa das águas. As pessoas mais amigas e mais próximas de nós eram, sem dúvida, a família da Dona Lica e Seu Geraldo. Eles apoiavam e ajudavam o Monge Tokuda e a Sangha. Nos deixavam usar o telefone dentro de sua própria casa. Sempre foram muito acolhedores. Inesquecível o café na cozinha com broa de fubá da Tia Lu e aquele bate-papo mineiro muito agradável. Éramos vizinhos solidários e dávamos boas gargalhadas juntos. Dona Lica era uma rainha negra, mulher cheia de dignidade e muito sábia. Sempre me dava bons conselhos. Monge Tokuda era adorado naquela casa, para aquela gente ele trouxe também muita alegria. Tantos amigos fizemos naquele morro.

Pico de Raios

Mas as coisas continuamente se transformavam e surgiu a oportunidade de se comprar um terreno mais acima, perto do Morro da Queimada. E assim foi feito com a ajuda de todos e então se iniciou a construção da casa de pedra. No meio do *fog*, a neblina de Ouro Preto, homens carregando pedras surgiam e desapareciam. Só o que não desaparecia era a neblina ou, por vezes, a chuvinha fina de pegar bobo, que permanecia durante quarenta dias. A construção foi lenta e tudo era motivo de celebração. Houve episódios desagradáveis e momentos muito difíceis pelos quais teve de passar o nosso querido Mestre, pela falta de juízo e despreparo de seus discípulos. Mas ele não reclamava, não criticava, seguia em frente. A casa ficou pronta e tinha uma grande sala, um grande Zazendô. Era o nosso Mosteiro Zen Pico de Raios. Ali tinha Sesshin com quarenta pessoas, vindas de lugares os mais variados e distantes. Corria tudo em harmonia, mesmo que houvesse turbulências, e havia. O que treinávamos ali, sobretudo, era flexibilidade, adaptação às condições. Parece que, nessas horas, se você está em contato com aquela natureza maravilhosa e se tem um bom Mestre, já está tudo completo, tudo maravilhoso. Isto não quer dizer que a gente não reclamasse, não entrasse em crise. Mas estávamos contentes e sempre buscávamos estar mais e mais presentes (O filme que a Tânia Quaresma fez mostra a nossa cara, nossos olhos de puro êxtase e alegria recebendo as palavras do Mestre, o Dharma incomparavelmente profundo e precioso).

Ele sempre viajou muito. Ia por todo lugar. Antes já havia ido à Argentina. Eu não me dava conta de que aí ele já estava indo embora, para mim ele estava sempre perto. Mas depois começou a viajar mais e mais e mais e mais distante. Ia para o Rio de Janeiro, já não morava mais em Ouro Preto, nem em Belo Horizonte. Havia fundado o Instituto Vitória Régia em Copacabana. De lá ele voltou a Ouro Preto para algumas ordenações, incluindo a minha, para depois ir de novo para mais longe, cada vez mais longe. Uma noite, não muito tarde, mas já escuro, chovia. Ele chegou encharcado, subira o morro a pé. Servimos um chá quente e um pão de queijo. Sinto até hoje a mansidão de sua voz ao chegar, parecia a própria chuva caindo.

Centro Zen do Planalto

Algumas vezes viemos a Brasília para fazer um Sesshin no Centro Zen do Planalto, junto com a Tânia Quaresma e o Walter Wiedemann. Aqui, um dia ele disse que Brasília estava adormecida. Queria dizer que o movimento Zen em Brasília ainda não estava pronto, ainda não tinha força para acontecer. De fato, ainda hoje cresce com lentidão.

Japão

Depois, participamos de um Angô no Japão no Mosteiro de

Shogoji. Mais uma vez ele foi muito compassivo e generoso, ajudando-me com as dificuldades de toda espécie que enfrentei lá. No Mosteiro ele dava aulas como os outros professores japoneses. Queria que eu permanecesse mais tempo no Japão, eu não quis e (confissão de novo) mais uma vez o decepcionei. Decepção à parte, quando saímos do Mosteiro, passeamos muito pelo Japão sob os auspícios de Nakamura Daiosho, que tão bem nos recebeu em seu templo em Nagoya. De lá tenho uma foto muito especial de nosso querido Mestre brincalhão junto com minha querida amiga Pat que morava no Templo de Nagoya naquela época.

Da época do Buiêiê, quase não participei. Estive lá algumas vezes, aquele lugar é lindo. Depois veio a Várzea do Lobo. Fiz dois Sesshins ali e encontrei um Mestre chamado Kyuji Igarashi mais maduro, mas tão generoso quanto sempre foi.

Ele se mudou para o Japão, ou talvez esteja na Alemanha, ou na França. Não importa onde estiver, nós sempre o recordamos com carinho e guardamos o tesouro que foi transmitido. Gostava de dizer que havia nascido japonês, mas que se sentia brasileiro. Na verdade é admirável ver como ele se adaptou tão rapidamente aos costumes e aprendeu a falar muito bem tão rapidamente. Em alguns momentos parecia um brasileirinho e parecia tão à vontade que conseguia usar expressões da nossa língua de forma muito engraçada. Sempre usava "É isso aí". Gostava de cantar canções brasileiras. Gostava de cantar *Carinhoso*, de Pixinguinha e Braguinha: "Meu coração não sei por quê, bate feliz quando te vê....", mas cantava de um jeito que despertava alegria e muitos risos. A cerimônia de ordenação de Marcos Ryokyu foi feita na Itapema, a primeira feita na nossa Sangha. Quando terminou a cerimônia, ele estava contente e cantava a música "meu bem, meu Zen, meu mal....." Às vezes se despedia cantando o clássico argentino "Adiós muchachos compañeros de mi vida..."

Ele se dizia cigano, na verdade era um artista. Dizia que queria morrer aqui no Brasil e dizia tantas outras coisas mais e uma coisa linda que dizia contradizia tudo: "sou cidadão do mundo, a paz é minha pátria."

Expresso aqui minha gratidão e o reconhecimento ao nosso querido Mestre Tokuda Igarashi Daiosho.

Com carinho.

Márcia Arreguy[50]

Fiquei muito honrada com o convite para participar deste livro, pois Tokuda foi e continua a ser um Mestre que ainda hoje se faz presente. Não sei se poderei contribuir de forma efetiva com o que tenho a narrar, mas faço questão de registrar aqui alguns momentos de minha vida que foram definidos pela mão desse professor.

Em 1981 mudei-me de Vila Velha, no Espírito Santo, para Belo Horizonte, minha terra natal. Voltava aos 23 anos, depois de 13 anos fora de BH. Vinha formada em Administração de Empresas, completamente insatisfeita com o tipo de vida que levava até então. Vinha atrás de alguma revolução pessoal que me tirasse da insatisfação e da crise existencial por que passava. Vinha atrás do meu autoconhecimento.

Deixando minha formação universitária de lado, ingressei em um curso de formação de instrutores de Yoga, que já praticava havia algum tempo. Neste curso comecei a estudar alimentação e, frequentando restaurantes naturais, conheci um praticante Zen Budista, Guilherme Seara, e dois Monges, Anibal e Tainha, que, por coincidência, já havia encontrado em Vitória. Convidaram-me então para um Zazen no bairro Anchieta.

Chegando lá encontrei um ambiente que me pareceu, na hora, que a mudança para BH já tinha valido a pena. Meu coração exultou de alegria, só por estar ali, naquele lugar, reunida com várias pessoas que se sentavam juntas para comungar a quietude e o silêncio.

Mas o melhor estava por vir. Logo após o sino tocar, marcando o término da meditação, o Monge Tokuda, ainda falan-

[50] Formada em Administração de Empresas, fundou em 1986 o Mandala Restaurante Natural, em Belo Horizonte. Atualmente ministra cursos de culinária natural na capital mineira, no Rio de Janeiro e em São Paulo. É proprietária da Hospedaria Mandala das Águas.

do um mau português, começa a dissertar sobre o pensamento Budista. Lembro-me que não entendia direito o que ele falava, mas podia perceber a poesia que fluía de suas palavras, e a doçura dos gestos de sua mão.

Tokuda naquela noite pescou mais um peixe com sua rede.

Passei então a frequentar a Rua Itapema toda semana. Lá conheci o Monge Marcos Beltrão, que, apesar de estar vivendo um período de silêncio total, dava altas gargalhadas com seus olhos de menino! Conheci Gugu, Afonso, Vinícius, Silvana Félix, Nicole, Zé Gil, Régis, Letícia, Bárbara, Mariângela, Magda, Paulo, Napoleão, Kako e tantos outros que passaram a fazer parte do meu dia a dia por tanto tempo. E digo mais... esta Sangha ainda me acompanha.

Paralelamente à pratica do Zen e do Yoga, fui trabalhar no Lótus Azul, que era um restaurante macrobiótico, para me aprofundar no estudo de nutrição. Nessa época, Tokuda já estava com a Vitória Régia, que era uma escola e clínica de acupuntura. Frequentemente ele fazia refeições no Lótus Azul, onde conversávamos muito e trocávamos informações sobre receitas e alimentação. No início de 1983, Tokuda, que então mudara o Zen Center para Rua Andaluzita, no bairro Cruzeiro, convidou-me para cozinhar nesse novo centro, onde também atendia e dava aulas de acupuntura, Lei dos 5 elementos, Yakuzen (alimentação de cura), shiatsu e moxabustão. Sem piscar os olhos, aceitei tal convite, pois passaria os meus dias em contato direto com o Mestre. Quão rico foi esse período! Quantos aprendizados eu tive!

Eu saí desta experiência macrobiótica um pouco radical, endurecida com tanta disciplina alimentar, e Tokuda com sua maestria me ensinava a ser flexível para ser livre, ser o que sou, sem estar presa a conceitos, ideias, não dependente da discordância ou concordância dos outros.

Ele é uma peça rara. Algumas vezes ele dava aquelas palestras com gente importante, todo mundo sério, e depois quando acabava, ele se juntava ao grupo e disparava a fazer careta, dava cambalhotas! Fazia umas coisas ao contrário do que todo mundo esperava...! Ninguém entendia nada...! Como assim.... esse Monge parece um louco... alguns diziam... mas ele só ria e continuava ensinando sem ensinar...! Livre... totalmente livre. Flexível como um bambu que o vento bate e não quebra.

Cozinhei no Zen Center todo o ano de 83 e parte de 84. Sentávamos todos à mesa exatamente às 12h30. Ele, à cabeceira, orava: "Quando comemos e bebemos, rezamos juntos com todos os seres. Comer é alegria no Zen para que possamos seguir cheios de felicidade no Dharma". Almoçávamos em silêncio e realmente os nossos corações se enchiam de alegria em desfrutarmos de boa companhia à mesa e por compartilhar a descontração e leveza com que Tokuda nos impregnava.

Nesse período todo, participei de vários Sesshins, nos quais sempre estive cozinhando...! Foi num destes Sesshins que tive de Tokuda o maior de todos os ensinamentos! Uma manhã, após café da manhã, fui reivindicar a Tokuda a participação no próximo Zazen, pedindo que ele colocasse outra pessoa no meu lugar para que eu pudesse meditar. Até hoje ouço nitidamente suas palavras firmes no meu ouvido: "Marcinha, quem cozinha no Sesshin... não precisa meditar... pois o ato de cozinhar já é pura meditação..."

Naquele exato momento, como num estalar de dedos, caiu a ficha total desse ensinamento. Foi como um kyosako no ombro que me despertou para a realidade Budista. Quanto amor eu senti no coração, quanto agradecimento ao meu querido Mestre.

Tokuda me ensinou para sempre, naquele momento, que meditar é acordarmos para o aqui e agora. É estarmos inteiros, atentos, presentes, no cerne do nosso ser. Estando no nosso cerne, a nossa mente aquieta, o silêncio nos envolve e tudo flui.

Uma vez, em uma palestra para jovens, achei muito interessante a resposta que ele deu a um rapaz que lhe perguntou o que era o nirvana. Ele exemplificou:

– Por exemplo... você está na Savassi atravessando a Rua Getúlio Vargas com Rua João Pinheiro (centro nervoso de tráfego). Você tem nas mãos um copo de coca-cola... então, você atravessa a rua e não entorna sequer uma gota do seu copo... Isto é NIRVANA!!!

Achei fantástica essa resposta, pois ele traduziu a filosofia japonesa para a realidade urbana do rapaz.

Ainda teria outros tantos fatos para contar sobre Tokuda. Assisti a muitas cerimônias celebradas por ele. Batizados, casamentos. Inclusive ele celebrou meu primeiro casamento! Fizemos tantas Vesakas... todo mundo de branco, velas, frutas, flores!!! Um tempo inesquecível e memorável...!!! Mas, para mim, o que fica de mais importante está na indicação de seu dedo apontado para mim, me indagando: "Quem é você?". Esse presente, esse Koan, zelo todo dia, aqui e agora, eternamente agradecida a Tokuda San!!!

Japão, 1966, carreira militar já pensando no Shobogenzo

Com Mestre Shingu Roshi, como professor de crianças na escola japonesa na Liberdade, São Paulo, 1969

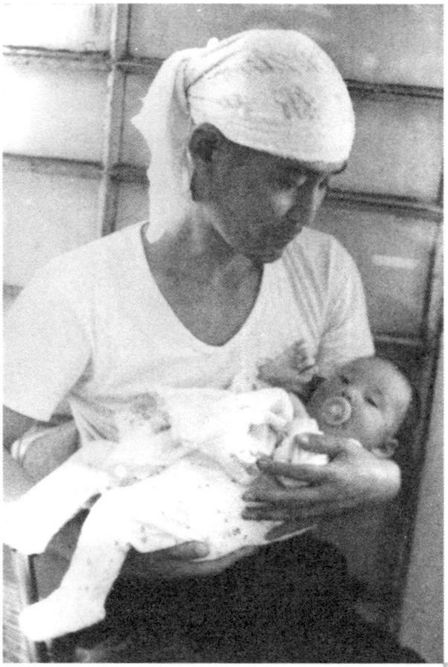

Realização completa, com o filho Emanuel, Belo Horizonte, 1988

Foto: Napoleão Ryo Key

Aula sobre postura de meditação, Mosteiro Pico de Raios-MG

Demonstrando a culinária Yakuzen, da Medicina Tradicional Chinesa, Belo Horizonte, 1990

A flauta Zen

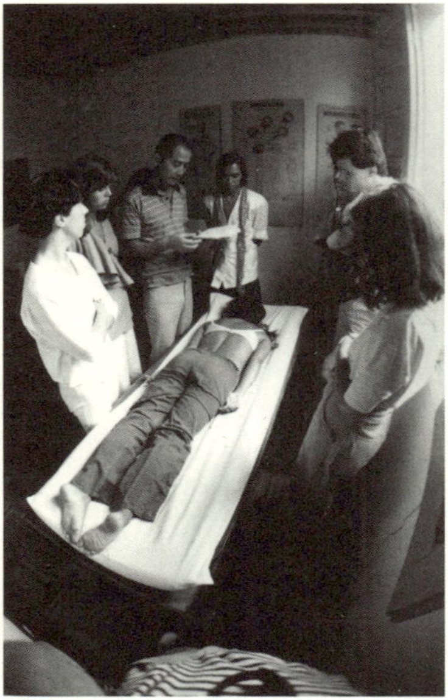

Aula de Medicina Tradicional Chinesa no Instituto Vitória Régia, Belo Horizonte, 1980

Foto: Carlos Eduardo Nunes Pereira (Kako)

Explicando o inefável

Ordenação com presença de vizinhos, Ouro Preto-MG, 1988

Teresópolis-RJ, 1987: depois do Sesshin, todos brilhando

Belo Horizonte, 1994: ouvindo com os poros

Jardim Botânico, Rio de Janeiro, 1982

Japão, 1996: um amontoado confuso de pessoas

Mendigação, Japão, 1996

Ordenação em Eisho-Ji, Pirenópolis-GO, 2008

Zazen em Eisho-Ji, Pirenópolis-GO, 2001

Marcos Beltrão Ryokyu[51]

Foi um milagre. Somente isto posso dizer da vinda do Mestre Tokuda ao Brasil, literalmente (pois veio de navio), confiando sua existência efêmera aos vagalhões e atingindo a costa brasileira nos anos 70. Porque este sujeito veio ao Brasil? Que boas ações em vidas passadas será que cometemos para tal merecer, a chegada de um Buda, de um Bodhisattva, perfeito, do próprio Buda Sakya em carne e osso. E como ele sofreu no Brasil. Tudo isto muito animado, nunca reclamou de nada. Só de minha falta de treinamento. Que paciência, que sabedoria para aguentar tudo aquilo que um país subdesenvolvido tinha em estoque para ele. Como sofreu aqui o Mestre Tokuda! Mas ele veio inspirado por um grande ideal dos Budas e patriarcas para salvar todos os seres sofrendo na ilusão, isto é, ele veio sem um porquê. Ninguém pode calcular a profundidade de tal ilusão. No meu caso, por exemplo, eu sou somente o filho de um burocrata do Banco do Brasil, sem natureza qualquer que seja de Buda. Na adolescência paquerava mulatas de escola de samba. Não podia ser salvo. Mas com seus meios habilidosos, Mestre Tokuda viu que, mesmo neste país, alguns estavam acima do nível da água como flores de lótus que vão se abrir. Como posso expressar minha gratidão eterna por tudo aquilo que o Mestre Tokuda proporcionou a todos no Brasil de alegria, compaixão, liberação, carinho extremo? Somente praticando e ajudando outros como Mestre Tokuda fazia. Esta é a única forma de expressar a gratidão. Três reverências no meu caso não são suficientes. Meu caso era um caso perdido. Mas Mestre Tokuda foi ao fundo do poço comigo e, lutando contra

[51] Marcos Beltrão Frederico, aluno do Mestre Tokuda em acupuntura, meditação Budista e formado em filosofia, deu uma cambalhota para trás em certa altura da vida e agora vive em felicidade absoluta, parecendo um bobo alegre. Não tem objetivos na vida e nem o inferno tem um lugar para ele mais.

mim e meus demônios, me trouxe para cima, para o ar, para que eu respirasse e para seu mundo superior do Dharma. Deveria contar casos específicos, mas todo sentimento profundo deve ser guardado na calada da noite, no coração dos corações.

Maria Augusta Cavalcanti[52]

Vinte anos atrás, conheci Marcos Beltrão, quando veio de Ouro Preto para estudar e trabalhar no Rio. Ele é filho de Lais Beltrão, minha aluna e amiga, que me falou sobre o seu trabalho com shiatsu e acupuntura. Comecei a me tratar com Marcos e fiquei muito contente e entusiasmada com os resultados! Soube pelo Marcos que ele apreendeu essa técnica com o seu Mestre, o Monge Tokuda.

Algum tempo depois, Monge Tokuda veio ao Rio e tivemos a oportunidade de conhecê-lo pessoalmente, quando recebi várias sessões de acupuntura. Realmente, como dizia Marcos, ele é "O Mestre!" Suas mãos pequenas tocam o paciente de leve, transmitindo muita energia! Fiquei muito feliz quando Monge Tokuda concordou em dar cursos de shiatsu e acupuntura na Academia Sivanada, do Shopping da Gávea no Rio. Ofereci um jantar em dezembro de 1990, na minha casa, para que as pessoas o conhecessem e fosse organizado o primeiro curso "Módulo I", que teve início dia 2 de fevereiro de 1991. Monge Tokuda dava o curso, transmitindo os ensinamentos, e Marcos ficava treinando com os alunos a parte prática. Não esqueço a resposta do Mestre ao final do 1º curso, quando uma aluna perguntou quando estaria pronta para começar a trabalhar? Ele simplesmente respondeu: "Atenda 100 pessoas sem cobrar e aí você estará pronta..." Após os módulos I, II e III, finalizou com o Curso Profissionalizante. Ao final do Módulo I, Monge Tokuda preparou um jantar, no qual apreendemos des-

[52] Formação: 1. Academia Jean Pierre Bastiou 1962-1973; 2. Yoga Institute, Bombay, Índia – 1973. Atividades: 1. Sócia Fundadora e Professora da Academia Sivananda de Yoga/Shopping da Gávea, Rio – desde 1977; 2. Participou dos Seminários de Yoga, organizados pela Union Europeene de Yoga, em Zinal, Suíça – 1982, 1986 e1993. 3. Publicação de "Yoga para um nascimento feliz", seu trabalho com gestantes, apresentado e publicado pela Union Europeenne de Yoga em 1982.

de a maneira de cortar os legumes, cozinhá-los e arrumá-los nas bandejas. A mesa ficou linda e a comida, muito saudável.

Monge Tokuda recebeu a doação de um terreno onde fundou um centro Zen Budista perto de Ouro Preto. Todas as pessoas que compareceram trabalharam firme, construindo um galpão, cozinha, banheiros etc., preparando a cerimônia da ordenação de cinco Monges. Foi uma experiência incrível que tivemos ao participar desse evento. Ficou tudo pronto e decorado com flores do campo!

Em várias ocasiões solicitei a ajuda do Monge Tokuda para atender pessoas gravemente enfermas. Ele sempre atendeu com um sorriso, muito amor e dedicação. Monge Tokuda é uma pessoa especial, de grande sabedoria, espiritualidade e humildade!

Que Deus o conserve!

Maria do Carmo Pignata de Morais[53]

Meu encontro com o Mestre Tokuda

Existem momentos na vida em que não se sabe mesmo para onde ir, uma vez que o céu e a terra, as quatro direções, suas subdivisões, acima e abaixo não parecem os locais mais adequados. Como resolver esse enigma? As respostas lógicas e racionais começam a perder o sentido e, mesmo assim, as perguntas não param de surgir: afinal de contas, o que é que estou fazendo aqui? Quem sou eu?, e qual o motivo disso tudo?

Foi com aquele espírito perturbado que comecei a praticar o Zazen, em janeiro de 1999, no Centro Zen do Recife, a convite da Monja Ivone. Realmente, ao me sentar em meditação pela primeira vez, o mundo pareceu disforme. Que susto! Além do mais, o corpo não parecia estar no lugar certo, embora estivesse, do ponto de vista anatômico, completamente correto, a julgar pela sombra na parede (só meditava à noite). Eu me sentia o tempo todo fora de linha. Era muito incômodo ficar naquela posição.

Porém, num desses acontecimentos surpreendentes que fica até difícil de descrever, tive o encontro com o meu Mestre, o Mestre Tokuda Igarashi. Um fato marcante que mudaria toda a minha perspectiva de vida. Devo admitir que alguma coisa de bom realizei em vidas passadas, pois como aquele Mestre, em carne e ossos, exalando toda aquela energia especial, poderia ter aparecido na minha frente? E como eu pude ver aquela

[53] Formada em Comunicação Social, Jornalismo, na Universidade Católica de Pernambuco. Trabalhou nas redações dos principais jornais do Recife: Diário de Pernambuco e Jornal do Commercio, além de algumas assessorias de órgãos públicos. Em 1999 iniciou a prática do Zazen no Centro Zen do Recife. Em setembro de 2006 fez curso de Zen-Shiatsu com o Sensei Marcos Beltrão. Atualmente, faz atendimento com shiatsu e assessoria de imprensa. Ordenada leiga por Tokuda Sensei com o nome Keizan.

sabedoria irradiante que se expressava diante de mim? Isso eu realmente não sei.

Estávamos num Sesshin de final de semana, na zona rural de Gravatá, cidade do agreste pernambucano, a 90 km do Recife. Era julho daquele mesmo ano em que tinha iniciado o Zazen (janeiro de 1999). E por uma dessas sortes, que ninguém compreende como acontece, fui escolhida para arrumar, fazer a faxina do quarto do nosso Mestre Tokuda. Uma cena bastante interessante foi se sucedendo, sem que, naquele momento, eu pudesse me dar conta do que estava significando tudo aquilo.

Então, segurando uma vassoura, parei diante da porta do quarto dele e perguntei:

– Posso entrar?

– Pode.

O quarto era separado dos demais e ligado ao Zendô. Na verdade, a sala de uma dessas moradias antigas, construídas bem ao estilo das casas de engenho, típicas do período do ciclo da cana-de-açúcar pernambucano.

Assim entrei, movida pela emoção de estar me aproximando daquele Mestre. E sem saber por onde começar a limpeza, fazendo tudo errado, fui surpreendida pela pergunta:

– O que eu sou para você?

– Paz e Luz.

Duas palavrinhas simples, que saíram assim sem pensar em absolutamente nada, numa maneira bastante espontânea de definir o que eu estava vendo nele.

E continuou indagando:

– É chique limpar o quarto do Mestre, né?

– Para mim, é uma honra.

Realmente, até hoje ainda agradeço a honra que me foi concedida. Às vezes fico sem acreditar como isso pôde acontecer comigo. Como? O fato é que depois desse curto diálogo, ainda que naquele instante eu não tivesse completamente consciente de que havia encontrado o meu Mestre, eu quis continuar o Zazen.

Até então, a meditação Zen era uma coisa infernal. Doía tudo. E a única coisa que eu me perguntava era o que eu estava fazendo sentada diante daquela parede? Estava mesmo com vontade de desistir daquilo. Era muito ruim. Mas o encontro com o Mestre Tokuda mudou tudo. E eu também tinha uma dúvida cruel. Eu vinha do cristianismo e o meu grande dilema era: seguir Buda ou Jesus? Ao que o Mestre Tokuda respondeu: são apenas nomes. É a mesma coisa. A partir daí, a minha mente começou a mudar, e dentro de mim começou a se instalar uma verdadeira revolução espiritual. Quer dizer, não sei bem se foi uma revolução espiritual, mas, certamente, nada ficou mais no lugar. Foi quando eu falei para mim mesma: o chão pode se abrir, o meu corpo pode envergar mil vezes, mas eu vou continuar nesse Zazen.

Isso me veio muito claramente, porque, simplesmente, eu reconheci no Mestre Tokuda tudo aquilo que eu estava buscando: a Paz e a Luz. O núcleo da questão, ele realizou. Então, pensei, quem sabe? Se eu continuar praticando o que ele pratica poderei alcançar um dia o mesmo que ele. Vai que termina acontecendo comigo também? Pretensões à parte, o fato é que não vi mesmo outra saída, a não ser continuar aquela meditação, que apesar de bastante difícil, já começava a revelar as transformações.

Cerca de um ano e meio depois daquele mini-Sesshin, pedi ao Mestre Tokuda para ser sua discípula. Eu pedi para ser Monja. Ele não me ordenou como Monja, mas graças a Deus, me aceitou como praticante leiga. E em 12 de outubro de 2001, na inauguração da compra do terreno do Eisho-ji, em Pirenópolis, Goiás, fui ordenada sua discípula com o nome de Keisen (nascente do vale).

Assim como a minha primeira comunhão, foi a cerimônia

mais importante da minha vida. A voz doce do meu Mestre explicando carinhosamente o que significava Keisen, e o Monge Marcos Beltrão, responsável pelo ofício, com aquele jeito de quem estava fazendo também uma coisa muito importante, eu nunca vou esquecer. Aliás, foi nesse dia que eu conheci o Marcos Sensei, que tinha sido professor da Monja Ivone, com a qual fiz o primeiro curso de shiatsu, e através do qual entrei para o Zazen. Foi também bastante surpreendente conhecer pessoalmente aquele professor que eu sabia somente através de uma foto, em que aparecia entre Monges no Japão, e também que eu ouvia falar coisas bastante interessantes dele.

Depois, o Mestre Tokuda resolveu mudar o meu nome de ordenação. Fiquei um tempo sem nome. Foi estranho. Completamente triste. Pensei que ele estava desistindo de ser o meu Mestre. É que na Sociedade Soto Zen do Brasil tinha sido ordenado antes de mim, uma Monja com este mesmo nome, embora o significado dos caracteres fosse outro. Ele me explicou, como de costume, tudo direitinho, mas eu não conseguia me conformar. Sentia-me desolada.

Mas, para a minha profunda alegria, depois do Rohatsu de dezembro de 2002 no Eisho-ji, em que praticamos Zazen durante sete dias, o Mestre Tokuda veio descansar no Recife. Já estávamos em 2003. E depois do período de Carnaval, logo após o Zazen, realizado no Centro Zen do Recife, ele falou para mim:

– Eu já sei qual é o seu nome. Você é Keizan.

Eu fiquei parada, escutando. Foi incrível, ele ia explicando cada palavra, e as frases entravam nos meus ouvidos assim como se fossem a verdadeira glória. É extremamente difícil explicar, ele dizia:

– Kei significa vozes do vale

– Zan, cores da montanha.

Cada uma daquelas palavras soava como se tivesse me acordando de um sono profundo. Kei, depois, Zan, e tudo aquilo alegrava meu coração como se eu tivesse retomado o fôlego, ganhando o mundo. Não sei explicar direito. Foi uma felicidade muito grande, porque, simplesmente, além de ele ter-me renomeado, estava me dando, também, ainda que não entendesse muito bem, uma coisa muito preciosa. Então, esse momento foi a confirmação definitiva daquele primeiro encontro, e daí em diante procurei melhorar cada vez mais o Zazen.

Hoje, aos seis anos daquela ordenação e nove anos do início do Zazen, posso dizer que não sento ainda com a elegância de uma montanha, mas de alguma maneira eu pude transformar, em muito, aquele difícil Zazen do começo.

Algumas pessoas perguntam, nossa, você é Keizan? Nome daquele Mestre importante: Keizan Jokin? É até engraçado essa pergunta, porque a única coisa que eu penso é que eu tenho que realizar "Keizan" todos os dias. Não é uma coisa fácil. E eu nem sei se mereço, mas o fato é que é muito bom ser assim, porque é desta maneira que eu me identifico inteiramente.

Assim, agradeço profundamente ao meu Mestre por ter me aceitado como sua discípula e por ter me respeitado tanto.

Além do Sensei Igarashi, agradeço também a paciência de todos aqueles que de alguma forma me ajudaram e me ajudam a praticar o Zazen. A todos os Monges e praticantes de Zen, a Monja Ivone, que me chamou para o Zen; ao Giliate Mokudô, que passou a dirigir o Centro Zen, após a Ivone; a minha família; aos amigos; ao professor de Iado e Kendo, Gustavo Gouveia, e meus colegas do Sango Dojo, ao praticante de kendo de João Pessoa, Márcio Medeiros, a Simão e a todos os senseis da Confederação Brasileira de Kendo (CBK) dos quais recebi ensinamentos, e especialmente ao Sensei Marcos Beltrão, Ryokyu Sensei, que me ensina muitas coisas e me dá muita força para eu continuar praticando.

Maria Flávia Valares Gonçalves (Flaveca)[54]

1) Dona Aída e seus ai, ai, ai...

Mais ou menos em 1983. O Monge atendia minha mãe, Aída, em casa e pediu:

– Quando doer ao tocar a coluna diga aí (este lugar).

Ele apertou e ela:

– Ai, Ai Ai – Ai, Ai.

– Não precisa: Ai, Ai, Ai, Ai, só fala aíí.

2) Clínica Phillip-Katas

Trabalhei lá na adolescência como secretária. Lá o Monge fazia acupuntura, secava, moía, pesava e fazia chás, substituindo ervas japonesas, às vezes, por brasileiras, com o mesmo valor medicinal. Eu ficava observando e ajudando.

Certo dia, uma mulher, que aparentava ser louca, saiu da sala dele. Ela estava muito mais calma. Tinha problemas mentais e deixava toda a clínica nervosa quando ia lá. Escutei gritos vindos da sala do Monge. Fiquei surpresa ao vê-lo fazer movimentos e com um grito de arrepiar dar um grande salto. Ele me percebeu e disse? "São Katás e o Quari – grito que vem do Qi", e apontou para a barriga, dizendo em seguida: "Agora tô calmo".

Brincávamos que da clínica vieram alguns *tokudinhas*. O Monge recebia bolos e outros mimos em agradecimento das mulheres que não podiam engravidar e que, após o tratamento com ele, tinham bebês (os *tokudinhas*).

[54] Há 25 anos trabalha com shiatsu, acupuntura, moxabustão e massoterapia integrada com mobilização energética e leitura corporal. Aprendeu essas técnicas com a Professora Nereida Vilela.

3) Assaltando o Monge

Ainda não existia um shopping sequer na cidade. A Savassi era o ponto *chic* de compras. Já era noite e vejo o Monge ao longe no ponto do ônibus, com sua sacola preta de pano, dependurada no ombro e não no pescoço como usualmente portava. Daí, eu, adolescente capeta, resolvi passar um susto nele, roubando-lhe a bolsa. Só que eu é que quase morri de susto. Ele se pôs em posição de combate, tremendo ao segurar o golpe não dado, em frente ao meu rosto e disse bravo:

– NUNCA MAIS FAÇA ISTO! ENTENDEU?

4) Roubo da agenda do Monge

Muitos anos mais tarde do supracitado, o Monge foi roubado no Rio de Janeiro, dentro do ônibus. O ladrão tirou, da bolsa-de-pano-dependurada-no-pescoço, sua agenda eletrônica com todos os contatos: endereços, fones etc. Perguntei a ele:

– Você deve estar morrendo de raiva do ladrão, não é?

– Não, ele mereceu...

– Como assim?

– Ladrão muito bom. Não é fácil tirar algo da bolsa de um Monge sem ele perceber. Ele mereceu.

5) Outro acupunturista e o meridiano dos rins

Na Rua Itapema, 19, o Monge nos ensinava Medicina Japonesa e Chinesa. Também Zazen e vivências de Mosteiro Zen. Ele ia riscar, com caneta hidrocor, na perna de um aluno, o meridiano dos rins. Mostrei a ele minha perna de hematomas marcada nos pontos dos rins por outro acupunturista. Ele bem sério disse:

– Muito bom. Pontos no lugar perfeito, mas meu estilo é japonês-Zen. Agulhas finas. Parte macia dos dedos no shiatsu, forte, com Qi. Suave e leve sem marcar.

6) Ação correta

Ainda na Itapema, na hora do trabalho, um aluno queixava-se de que trabalho doméstico seria coisa para mulheres. O Monge escutou e disse a ele:

– Faz trabalho de casa como homem. Não bate tapete com a mão mole. Bate como homem. O trabalho junto fortifica e educa a Sangha. Trabalha os egos. Viver o Dharma é fácil. Difícil é viver a Sangha.

7) Na minha terra, mulher anda atrás.

Nas aulas na Itapema, o Monge perguntava sobre a matéria dada. Eu levantava a mão primeiro para responder. Os homens levantavam após. E, só depois, se os homens houvessem respondido errado, é que eu podia responder. Um dia reclamei:

– Parece-me que o senhor, nesta atitude, é machista?

– Na minha terra, mulher anda atrás. Se isto é machismo, sou machista.

– Mas isto não me parece justo!

– Quem está na frente, mesmo que o perigo venha nas suas costas, é quem defende. Pode se ferir e até morrer. Hoje, perigos outros, mas ainda: perigos. Corpo homem, mais preparado, mais forte. É assim... Corpo, mente, tudo, uma coisa só...

8) O batizado e o xixi-koko

Quando Daniel, meu sobrinho, tinha três anos, foi batizado. O Monge achava graça nele, já que o Dany tinha a idade de Emanuel, seu filho argentino. Certa vez perguntei:

– Você não gostaria de ver o Emanuel crescer?

– Confio muito na mãe dele. Ela sabia que eu não poderia me dedicar a uma só pessoa. Meu trabalho é maior. É com mais pessoas e em muitos lugares. Ela educa bem Emanuel. Confio muito nela.

Yasmini também foi rebatizada neste dia. Ela explicou que sua madrinha havia morrido em acidente e pediu ao Monge. Chegando para mim: "Eu já falei com o Tokuda e ele deixou. Você vai ser minha madrinha!".

Durante a cerimônia, o Monge entoava os Sutras e de vez em quando o som saía assim, mais ou menos:

– GO, RO, SHI, TA, XIXI, KOKÔ, YO DÔ...

E o Dany olhava para mim com cara de riso e falava:

– Tia, o Tokuda falou cocô e xixi.

–Psiu! – Eu fazia gesto para se calar, mas ele replicava.

– Aí, olha! Falou de novo, tia!

Daí o Monge olhou bem dentro dos olhos dele, sem nenhuma expressão facial ou qualquer gesto ou palavra, e o Dany ficou calado e quietinho.

9) As palavras de Buda, até as pedras escutam

Em uma cerimônia de Vessaka, o Monge proferia algumas palavras. Havia umas cinco crianças presentes, Yasmini, Daniel, com cinco e três anos, e outras da mesma faixa etária. No início as crianças acomodaram-se de pernas cruzadas, quietas, bem à frente e ficaram escutando. Depois, entravam e saíam correndo da sala e corriam (falando baixo) em volta da casa.

O Monge permanecia indiferente ao movimento delas e, apesar de tentarmos contê-las, devido à demora da cerimônia, estava difícil. Foi aí que a "dona-da-casa" pediu que os pais levassem as crianças dali, para não importunarem.

O Monge então disse:

– Deixe as crianças. As palavras de Buda, até as pedras escutam.

10) O valor do dinheiro

Daniel, ainda com três anos, escutou falar que o Monge queria fazer a casa-de-pedras em Ouro Preto, mas que não tinha dinheiro e aí perguntou:

– Tokuda não tem casa? Nem dinheiro?

– Não, Dany, ele está recebendo dinheiro de quem quiser ajudá-lo para isto!

Foi ao quarto dele e voltou com o que hoje seria um real. Era a grande e valiosa fortuna que ele tinha e guardava como a um tesouro. Entregou o dinheiro e disse decidido:

– Entrega para o Tokuda e fala com ele para fazer a casa dele.

Fiz o que o Dany mandou e dei o recado conforme dito; ao que o Monge, aceitando o dinheiro, respondeu:

– Recebi dinheiro bem maior, mas este é o mais valioso de todos. Este nunca acaba e abre portas para outros. Este foi verdadeiramente doado.

De vez em quando, Dany perguntava: "Tokuda fez a casa dele? Ele ainda é careca?". Eu falava isto com o Monge, que pedia para levar o Dany à casa-de-pedras e dizer que ele era Monge e Monge raspa a cabeça.

11) Yasmini é rebatizada – 3º batismo

Por vontade da família, Yasmini foi batizada aos 49 dias de vida (7 x 7), pelo Monge Tokuda. Aos dezoito anos, Yasmini, ao saber que no Mosteiro de Lavras Novas de Minas iria ter ordenação de Monges (por exemplo, Simone Queiroz Caetano) pelo Monge Tokuda, ela perguntou se no Zen não haveria algo parecido com a Crisma cristã, em que a pessoa anteriormente batizada por vontade dos pais aceita (já adulta) o batismo e o reafirma como de sua vontade (no caso, de ela estar ligada ao Zen). Fomos à cerimônia. O Monge cantou: OM, KORO, KORO, SENDARE, MASSOGUE..., fazendo o movimento para os pontos caldeais sobre a Yasmini, que saiu de lá muito calada, parecendo estar emocionada. Mas à noite, o Monge juntou-se a nós no Kokopele, restaurante e bar de amigos meus. Curtiu os *shows* musicais em meio a amigos, dançou e saiu de lá já tarde.

No dia seguinte pela manhã veio despedir-se e disse à Yasmini que ela fazia parte da Sangha. Que sempre que ela precisasse dele, que pensasse nele e ele estaria perto dela. Neste dia, os olhos de Yasmini estavam super-serenos e ela contagiou a todos com sua alegria.

12) O Monge cozinheiro come macarrão

O Monge Tokuda brincava que a comida é a alegria do Zen. Explicava a grande importância do Monge Cozinheiro, pois ele harmonizava, através da comida, o humor da Sangha. Tipo: quando havia agitação, alegria exacerbada, o cozinheiro fazia comida pesada, enfastiosa e depois todos ficavam pesados, tristes. Quando havia tédio, letargia, marasmo e tristeza, aí a comida seria colorida, leve, com flores etc. Explicou também o respeito pelo alimento, pelas vidas que se doaram (vegetais, animais, energia do plantador, colher... e até ir à mesa). Falou de Meta-Karuna (Compaixão) e disse que não iria admitir desperdícios no Mosteiro.

O Monge-da-cozinha fazia muita comida, que sobrava para o lixo. Certa vez, o Monge disse-lhe:

– O que sobrar de macarrão hoje, você vai comer. Não vai para o lixo.

O Monge-da-cozinha saiu de prato em prato!

– Por favor, come mais um pouco. Tá gostoso!

Ninguém entendeu. Comemos muito, muito mais que o habitual, pela insistência dele, e a panela ficou Zen (vazia total). Então, posteriormente, soubemos por quê.

13) Presas no galinheiro

Eu e uma amiga fomos ao aposento do Monge, onde ficava

também a biblioteca, perto da casa-de-pedras. O Monge lá estava. Eu e minha amiga tagarelamos o tempo todo. Ele respondia com evasivas.

Estava próximo do horário do Zazen. Subimos para a casa-de-pedras e, ao passarmos pelo galinheiro, o Monge convidou-nos a entrar com ele.

Pediu que olhássemos as galinhas e, enquanto as olhamos, trancou o cadeado do galinheiro e disse:

– Vocês gostam de ficar cococó-cococó como as galinhas, então fiquem aí com elas.

Ficamos ali, fulas, até que alguém voltou e abriu o cadeado a tempo de fazermos o Zazen.

14) Confio em Flávia

O Monge sempre se colocava nas pontas dos pés, com os braços em torno do meu pescoço e soltava o peso do corpo dele todo em cima de mim e dizia:

– Tokuda confia em Flávia.

Um dia dei um passo para trás e ele se desequilibrou, mas continuei a apoiá-lo para que não houvesse a queda e respondi:

– Não confie tanto!

Rimos muito e ele continuou a brincadeira outras vezes.

15) Inimá vira cobaia

Inimá de Paula, grande pintor, fez várias doações ao Mosteiro e havia sido meu vizinho e cliente. O Monge estava ocupado, e ainda vários alunos o esperavam para aula no Zendô. Pediram-me que mostrasse o Mosteiro ao pintor e o anfitrionasse até o Monge poder estar com ele. Após isto, levei-o a casa-de-pedras à presença do Monge, que o recebeu com cordialidade e alegria.

O Sr. Inimá conversou e conversou e os alunos impacientes chegavam à porta para ver o que se passava. Tive uma ideia e disse:

–Inimá, o Monge Tokuda vai nos dar uma aula muito interessante. Quem sabe não quer participar?! O Monge mais do que depressa pegou o fio da meada e disse:

– É, você vai ser minha cobaia! Vai receber de mim, massagem. Quer?

Inimá ficou todo feliz recebendo massagem do Monge e de mim. Tomou chá e disse que gostou muito desse dia.

16) Repete, repete, não cai como árvore e sim como pedra-cone

Neste dia, o Monge ensinava pressão e manobras diretas sobre a coluna. Pediu que eu fizesse nele (Tokuda) e depois no Inimá. Por mais que eu tentasse fazer correto, na presença do Monge e do meu cliente Inimá, eu não dava conta e, sem jeito, irritada, errava, ao que inúmeras vezes o Monge dizia:

– Repete, repete, Flávia. Você cai como árvore? Toque, toque, toque. É assim como pedra-lança-vum.

Custei a centrar e fazer correto e hoje lembro disto com alegria.

17) Chorei – Sorrindo

Ainda em Ouro Preto, na casinha que se alugava antes da casa-de-pedras, tive uma experiência muito forte no Zazen.

Sentada em Zazen, corpo cansado, final de tarde, pés formigam, joelhos, coluna, tudo pede para sair do lugar, da posição. O corpo cansou de chamar a atenção e os pensamentos passavam lentos, como folhas descendo as águas de um riacho cristalino e raso, esbarrando nas pedras e areias do fundo. De repente, parece que acordo de um sonho não dormido: um som de martelo na tábua e a coluna é puxada com o corpo para trás e volta. Tomo consciência então que havia passado algum tempo sem pensar, sentir – é como se despertasse naquele momento, com tanta paz e alegria e percebi que lágrimas pesadas correram e correm dos meus olhos, sem pensamentos, emoções ou sensação alguma. E estou sorrindo. Mais tarde, contaram-me que o Monge Tokuda, naquele dia, tocara a madeira com o martelo. Tive várias outras experiências em meditação e experimentei muitos métodos diferentes. Mas, para mim, esta foi "A" experiência. Única e inigualável.

18) As aranhas mortas e benzidas

Havia sido alugada uma casinha perto do Colégio Batista para o Monge dar aulas. Nos reunimos para limpar a casa. Eu, recentemente, havia voltado de 25 dias de retiro na Comunidade de Nazaré Paulista (orientada pela Sara Mariote, uma das fundadoras de Findor). Lá, a vida de qualquer ser é super-respeitada, é tudo tratado com extrema amorosidade. Isto era uma realidade forte no meu coração. A casa perto do colégio estava cheia de teias de aranhas e aranhas. Comecei pedindo internamente permissão às aranhas para retirá-las e suas teias. Colocava-as com muito cuidado e carinho fora de casa.

Como o bichinho sobe em papel, lá ia eu jogá-la fora da casa. Foi quando o Monge me flagrou no ato:

– O que a Flávia está fazendo?

Expliquei tudo. Ele carinhosamente pegou em suas mãos o papel com a aranha, colocou-a no chão e, com a mesma mansidão, pisou nela. Fiquei perplexa!

– Tokuda, o que é isto? Você matou a aranha?

– Se não matar, ela volta. Você tira. De novo ela volta...

– Mas é uma vida! É sagrada!

– Ah! Então é isto? Tá bom...

Falou algumas palavras em japonês e fez gestos em cima da aranha morta, como que benzendo. Pisou outra vez e "benzeu", e aí foi repetindo o ato, com a pureza de uma criança, que me fez rir.

19) Quem é você?

Um dia cheguei antes dos outros alunos. O Monge já estava lá. A porta trancada – os alunos tocavam a campainha e o Monge perguntava:

– Quem é você? – O aluno dizia o nome.

– Quem é você? – Dizia a profissão.

– Quem é você? – E aí diziam mais sobre si, como parentesco etc. e tal.

O Monge então respondia:

– É, você não sabe mesmo quem é você. Entra.

Os últimos a chegar fizeram-nos rir muito, pois a casa já estava cheia de "quem não sabia quem era".

20) Quem é o Monge Tokuda?

Algum tempo depois eu ajudava a preparar um local para o Vessaka e o Monge chegou mais cedo. Eu quis fazer com ele a brincadeira que ele havia feito com os alunos e perguntei, atrás de um portão trancado:

– Quem é você?

– Tokuda.

– Quem é você?

Ele riu:

– Japonês.

– Quem é você?

– Monge Zen.

– Quem é você?

– Presente de Buda para você na lua cheia do Vessaka.

21) Falta de Carência

O Monge pulou no sofá de barriga para cima, feito criança, com a cabeça no meu colo e disse:

– Cafuné!

Calada, fiz cafuné nele. Aí ele me diz:

– Tô com "falta de carência".

– Tokuda, falta é o mesmo que carência...

– É que é muita – demais!

22) O que é Budismo? O que é Buda?

Um amigo, vindo de São Paulo, pede para conhecer o Monge. Convido-o para uma palestra, na qual o Monge falou:

– Budismo é comer e fazer cocô.

– Buda é o pau (ou sabugo de milho) de limpar o cocô.

Ele explica que, resumindo, a vida é simples: comer, digerir, excretar = Budismo. E vai por aí o raciocínio. Meu amigo até hoje acha graça.

(A partir do item 23, são casos escutados de amigos, que acho divertidos).

23) A gata e o rato

Contaram-me que uma moça resolveu dormir no Mosteiro. Era uma jovem da alta sociedade, bonita, acostumada ao luxo.

Teve de dormir em esteiras no chão. Lá pelas duas da madrugada, escutou-se um grito feminino aterrorizante, como nos filmes de terror. As luzes foram todas acesas. A voz do Monge foi escutada:

– O que aconteceu?

– É um rato horroroso!

– É este? Bonitinho, pequenino, de olhos vermelhos?

– É horroroso, nojento!

– Fala baixo, não grita, você assusta ele...

– Eu é que estou assustada com ele...

– Você é grande. É forte. Ele pequeno, com frio, assustado... Só queria um pouco de calor.

Pegou o bichinho com um pano e disse:

– Apaga a luz e todo mundo dormir. Amanhã Zazen às três.

24) Rir é bom para o fígado

Famosas damas da sociedade convidaram o Monge a dar uma palestra e pediram que usasse roupas de Monge.

Sentadas como manda a etiqueta, impecáveis e chiques, aguardavam-no.

O Monge entrou com sua roupa preta, em silêncio, e todas ficaram olhando para ele. O ar parou. Ele disse: "Boa tarde", e fez uma careta.

As mulheres riram muito. Ele, sério, fez outra careta. Elas riam agora alto e sem controle, quase caindo das cadeiras, de tanto rir. Quando elas pararam de rir, achando que acabou, ele, sério, em silêncio, fez uma careta mais. Agora elas riam segurando o rosto e diziam: "Pare! Pare, eu não aguento mais de tanto rir...", e ainda riam.

Aí o Monge, ainda sério, disse:

– Pronto! Agora tá bom! Suficiente. Palestra dada... rir é bom para o fígado.

25) A parede cai em cima do Monge

Uma amiga nossa, com a casa em reforma, hospedou o Monge. Ele entrou em um quarto para fazer seu Zazen. A parede inteira – tijolos, janelas, reboco – do quarto em que ele já estava havia uns vinte minutos, caiu. As pessoas apavoradas entraram no quarto à procura do Monge, pois sabiam que ele fazia Zazen de frente para essa parede.

Ao abrir a porta do quarto, viram pedras ainda caindo, poeira e o Monge na posição de Zazen ainda imóvel.

Minha amiga, apavorada, gritou:

– Saia daí, Tokuda, está tudo desmoronando! Você é louco?

– Não! Tokuda não é louco! Tokuda é Monge!

Mariângela Rei ho Ryosen[55]

Uma vida num instante

Aos 20 anos tive contato , pela 1ª vez, com o Zen Budismo, o Mestre e a meditação Zen. Tudo ao mesmo tempo, num único instante! Era 1979, noite de 5ª feira, Rua Itapema, 19, bairro Anchieta, BH. Uma amiga de trabalho, Babé, que estava trabalhando com o Monge Tokuda, me havia sugerido.

O Zazen (meditação) começava às 19h30. Mas, eu me atrasei e quando cheguei encontrei todos já em meditação no pequeno espaço lotado. Algumas pessoas dividiam o zafu. Isto é, sentavam duas pessoas num único zafu (almofada de meditação). Eu me sentei num lugar bem ao lado da porta. Alguém, não me lembro se era Monge, aproximou-se e me deu instrução da postura rapidamente e em voz baixa. Sentei em lótus completo pela 1ª vez, de frente para a parede de bambu trançado, onde pelas frestas a luz adentrava, até o final, até o toque do sino.

O meu 1º contato com o Monge Tokuda, ainda vivo na lembrança, foi das suas costas em Zazen. A imagem que guardo daquela noite é de encontrar uma sala cheia de pessoas, sentadas na penumbra e em silêncio. Apesar da estranheza, pela novidade em minha vida, era tudo muito convidativo. Senti uma imensa e indescritível receptividade. Um encontro com o silêncio.

A partir desse momento inseri a meditação no meu cotidiano. Imediatamente e muito naturalmente. No princípio, uma vez à noite. E minha mãe marcava o tempo. Depois, duas vezes – um às 5h e outro às 21h, todos os dias, sempre quarenta minutos.

---

[55] Rei ho Ryosen. Psicóloga. Artista plástica. Monja Zen Budista.

O meu 1º zafu, ganhei de meu pai, que era alfaiate.

Em dezembro de 1983 conheci o Mosteiro Zen Morro da Vargem, em Ibiraçu-ES. Fiz um retiro e depois permaneci 15 dias com o Monge Miguel Ippo Oshiro, único residente. Tinha acabado de me formar em Psicologia e, quando retornei, passei a morar na comunidade urbana na Rua Itapema, 19. Monge Tokuda residia com outros praticantes, a maioria alunos de acupuntura, em outra casa no mesmo bairro, na Rua Andaluzita, onde continuava acontecendo o Zazen às 19h, todas as quintas-feiras.

Eu colaborava: datilografando o texto estudado ("Crônica do Penhasco Azul", do Mestre Dogen, traduzido por Marcos Beltrão); xerocando para todos acompanharem a leitura, e também como tesoureira, arrecadando contribuições.

Durante os Sesshins de final de semana, em espaços cedidos por praticantes, e a partir de 1981 em Ouro Preto, a minha prática mais intensa foi a cozinha, onde o Monge Tokuda me orientava diretamente e algumas vezes eu o auxiliava.

Em 1985, Monge Tokuda mudou-se para Paris, passando a vir ao Brasil uma vez por ano. O Zazen retornou para a Rua Itapema, no mesmo dia e horário, coordenado pelo Monge Flávio Jikishin. Continuei datilografando e xerocando o texto estudado. Agora, "Mente Zen Mente de Principiante", de Shunryu Suzuki Roshi, traduzido por Fernando Guedes.

Em 1990 ou 1991, não lembro exatamente, trabalhei sob assistência do Monge Tokuda com Alimentação Medicinal Chinesa, num novo espaço onde acontecia o Zazen e atendimento com acupuntura, coordenado pelo Monge Marcos Beltrão. Experiência nova para todos, que durou alguns meses.

Em 1993, residi durante 7 meses no Mosteiro Zen Pico de Raios, em Ouro Preto-MG, onde moravam Joãozinho (João Carlos Leite) e um Monge tibetano de São Paulo, Gerson Vajra. Nunca pensei em ser Monja. Mas em março de 1998 havia um grande alvoroço. Sérgio, Lenita e Tabajara iam ser ordenados no novo Mosteiro de Lavras Novas e diziam que eu também. Meu Rakusu já estava até preparado. Meses antes havia escrito para o Monge Tokuda pedindo orientação para umas questões que me afligiam. Mas ele não me respondeu. Quando nos encontramos no Mosteiro de Ouro Preto, eu já estava melhor. Mas ele insistiu em conversar em particular. Foi quando me sugeriu a possibilidade de me ordenar. Eu perguntei o que ele achava: se achava que eu tinha condições para tanto, se eu estava preparada... Ele respondeu que sim. Então, eu aceitei e recebi a ordenação em 21 de março de 1998, no Mosteiro de Lavras Novas.

A partir de abril do mesmo ano, passei a residir no Mosteiro Zen Pico de Raios, em Ouro Preto-MG, sob a direção do Monge Paulo Gain, meu Mestre de prática. No final de 1999, assumi a direção e em 2000 a atividade monástica foi transferida para Pirenópolis-GO, e o Mosteiro de Ouro Preto tornou-se um Templo.

Quando tive contato com os preceitos Budistas, incorporei-os na minha vida. Apesar de toda minha formação católica, não tive dúvidas ou ansiedade. Senti que tudo o que aprendi foi mais bem compreendido a partir do Zen. E, principalmente, quando Monge Tokuda passou a fazer estudos comparativos com místicos cristãos.

Ao longo do tempo, nas dificuldades que passei... algumas vezes, na impossibilidade de manter contato, recebia suas instruções em sonhos. Outras, sofri, sentindo a falta de orientações na minha vida monástica.

Contudo, agradeço profundamente a vida, o precioso instante e a existência inestimável do Mestre Reverenciado eternamente, que me mostrou o Caminho e deixou enraizados ensinamentos na minha prática, na minha vida. Monge Tokuda, com seu exemplo e sabedoria de vida, não há palavras para expressar toda a gratidão e reverência que o Senhor merece. Receba hoje e sempre meu profundo Gasshô e minhas preces.

Humildemente,

Sua discípula

Ouro Preto, 6 de março de 2008

Mariza Cardoso[56]

Tive contato maior com o Mestre Tokuda durante um curso de Culinária, realizado em Itamonte, em 1999. Já o conhecia de palestra no Templo Bushinji e de muito ouvir falar, ler textos seus. Conheci também o Templo Pico de Raios e o de Lavras Novas, locais com presença marcante do Mestre.

Sempre me chamaram a atenção, nesses poucos momentos que tive de convívio presencial, o silêncio do Mestre e a sensação de que, apesar de pouco falar, via tudo de maneira contundente, marcante, observando cada detalhe e vendo cada pessoa de maneira única.

Houve um fato que me marcou e que quero relatar, pois nunca mais o esqueci. É o seguinte: durante o curso de Culinária estava picando alguns legumes. O Mestre estava com a cabeça protegida com um lenço e nós, os alunos, sem qualquer proteção. Com isso já nos envergonhamos... Perguntei, então, se poderia picar os legumes de "qualquer jeito". O Mestre soltou uma profunda gargalhada e repetiu: "de qualquer jeito?". Fiquei muito envergonhada e tentei me explicar dizendo que queria dizer se o tamanho ou o sentido do corte era indiferente e coisa e tal, mas não houve mais jeito... Já havia demonstrado a minha falta de concentração e habilidade ou carinho com o que estava fazendo. A gargalhada do Mestre, entretanto, foi corretiva, mas não punitiva, acabou sendo carinhosa, mas o fato é que hoje penso duas vezes antes de dizer "de qualquer jeito", e quando inadvertidamente o faço, lembro-me na hora do Mestre Tokuda.

Apesar do pouco contato com a prática efetiva do Zen, ape-

[56] Profissional graduada em Publicidade, em 1983, e Biblioteconomia, em 1986, pela Escola de Comunicações e Artes da Universidade de São Paulo – ECA/USP. Trabalha com gestão documental em sua empresa Redata Organização da informação.

nas engatinho com dificuldade, gostaria de agradecer ao Mestre por essa lição, e às circunstâncias da vida por me haver possibilitado esse contato que, com certeza, se vencer as barreiras que ainda me imponho à prática efetiva, me levará a ser uma pessoa melhor interna e externamente.

Abraços.

São Paulo, 18 de julho de 2008.

Mauro Monteiro de Andrade[57]

Lições de Tokuda

Aprendi muito com Tokuda. Há dois pontos que quero destacar e que foram e continuam sendo fundamentais para meu próprio desenvolvimento.

Um dia, ao final da palestra que se seguia ao Zazen, perguntei a Tokuda como poderia praticar Zen nas atividades diárias. Ele me respondeu:

– Prestar atenção nas pequenas coisas. Quando escovar dentes, como segura escova, como movimenta. Atenção nas pequenas coisas.

Em outra ocasião ele nos contou uma história em que um Monge seria decapitado por um invasor que concedeu a ele o direito a um último pedido. O Monge sentou e disse:

– Sakê. Um frasco.

Sentado, o Monge colocou sakê em um copo, ofereceu ao samurai, que recusou. Então o Monge bebeu um gole, tornou a oferecer, nova recusa e assim se sucedeu até que o samurai aceitou o sakê, dividiu com os outros guerreiros, o Monge continuou sentado, pediu mais sakê e tudo terminou em uma comemoração. E o Monge salvou o pescoço.

Contada a história, Tokuda arrematou:

– Quando estiver em uma situação sem saída, muito difícil mesmo, senta. Aí, vai aparecer um primeiro passo. Dê o primeiro passo. Os passos seguintes vão aparecer.

[57] 70 anos, engenheiro mecânico e eletricista, ex-professor da UFMG, atualmente gerente de projetos e presidente de uma cooperativa de serviços na área energética. Interessado em cultura oriental, autor de dois livros sobre desenvolvimento pessoal.

Miguel Oshiro[58]

Pude ser una tortuga, un árbol, un hongo, pero nací humano y estoy agradecido por este milagro que es la vida. La vislumbre de este sentimiento se remonta al año 1978. En ése tiempo dejaba una familia, la Oshiro, un país, la Argentina, y mi ciudad natal, Buenos Aires. Tenía veintitrés años y no se me ocurría echar raíces, sólo andar, andar. Tenía información acerca de la comunidad Budista en la que Cristiano Daiju estaba trabajando.

Fue en Méjico en el año 73 cuando lo conocí y junto al maestro Ejo Takata y su grupo de Zen me acerqué a la práctica que dejó su impronta en aquel joven viajero que yo era.

Hice un paréntesis y pasaron cuatro años, otros momentos, otras vivencias y al no tener nada para hacer, ningún lugar a dónde ir, el recuerdo de la experiencia con el Zen afloró.

Cuando llegué al Morro Da Vargem en Abril del 78 la fiesta de Buda había terminado, Daiju había partido a Japón por lo que fui recibido por el Monje Tainha con un abrazo efusivo y una gran sonrisa. El me dió la opción de ser un visitante o un practicante y en un día de sol pleno, en el paraíso, me refugié en Buda, el Dharma y la Sangha.

Paré de andar por los caminos y comencé a sentarme.

Sobre pilotes de madera, piso y paredes de tabla, techo de paja, seis aberturas por donde pasaban el sol, el viento, el sonido del agua cayendo sobre el estanque, pececitos fugitivos, en la orilla el césped fino y mullido contrastaba con el gris de la piedra.

En el reflejo del agua unos Eucaliptos muy altos, rumorosos cuando soplaba una brisa,

Rodeados de Morros, de ahí su nombre, Da Vargem, daban

---

58 Miguel Ippo (Um só Dharma). Ordenado Monge en 1979, em São Paulo, pelo Roshi Ryohan Shingu. É discípulo do Monge Tokuda San.

una intimidad al lugar.

Éramos, uno de Espíritu Santo, uno de San Pablo, uno de Belo Horizonte y yo de Argentina. Todos sentados frente a las tablas negras del Zendô, durante cuatro días – fin del Tangá – y así nos convertimos en la segunda generación de practicantes.

Ahora éramos parte.

Volando como un Urubú o un halcón, visto desde las alturas, el lugar no se diferenciaba de las propiedades vecinas – el estilo campesino: una casa principal y otras más pequeñas alrededor, un gran patio de tierra donde se secaba el café. Familias pioneras, originarias de Italia topándose con una selva vírgen que cubría un 90% del territorio de Espíritu Santo. Nuestros vecinos eran los hijos de aquellos pioneros.

Lo que marcaba la diferencia era nuestro programa de entrenamiento y sus reglas. En Japón existen monasterios de más de quinientos años y aquí se empezaba a gestar uno.

Mi primer Angó: el compromiso del aspirante de hacer una práctica de Zen en el lugar durante tres meses. Mi cuerpo se resistía a los cambios pero lo que me ayudaba a unificarme de a poco con lo que estaba viviendo era el retiro de siete días llamado Sesshin. Ahí profundizábamos el Zazen.

El retiro comenzaba de noche, sólo quince minutos de sentada. El aroma a incienso, una vela, el concierto nocturno de sapos e insectos; las criaturas del lugar y el eco de los morros ambientaban la escena. Ahí conocí a Tokuda San. Me impresionaba su postura en el Zazen, transmitía el sermón sin palabras igual que el Buda de madera que saludábamos al retirarnos del lugar.

Por las tardes Tokuda nos daba el Teishô y guiaba nuestra práctica desde su palabra, eran momentos maravillosos que equilibraban las arduas sentadas. Durante esos retiros aprendí a trabajar una de las tres virtudes del practicante: la paciencia.

Fui ordenado Monje en 1979, junto con Flavio, mi

compañero de Dharma, en el templo de San Pablo por el Roshi R. Shingu. Aparece ante mi ahora con su sonrisa y su trato amable, pero al que debo mi instrucción es a Tokuda San, fue gracias a su aliento que me animé a dar este paso.

Desde ése momento nos convertíamos en la segunda generación de Monjes del morro. Con Aníbal, el Abad, el guía espiritual Tokuda y algún visitante que siempre llegaba, se armaba la Sangha perfecta.

En 1981 Flavio va a Japón a entrenar, Aníbal regresa a Minas Geraes y como en un monasterio todos cumplimos diferentes funciones, por ser el más antiguo, a mi me toca hacerme cargo de él. Entonces las energías se reciclan, nuevos practicantes van llegando, hacen el Tangá, se comprometen por tres meses. Así estas nuevas generaciones hacen marchar al monasterio.

El golpe de el Han resuena llamándonos al Zazen y recordándonos lo fugaz de la vida.

Una gran sartén de un metro de diámetro que colgaba de una jaquera era batida a modo de Taiko y nos indicaba el Samu.

Siempre hay trabajo en el campo. Respetar el programa y sus horarios es el mejor antídoto para no entrar en la ansiedad del hacer y del tener. Algunas veces el Samu lo practicábamos ayudando a nuestros vecinos, lo que nos daba una inmensa alegría. Después de trabajar un buen baño en la represa, el espejo de agua que rompíamos al zambullirnos. En los días de viento se formaban olas en la laguna y se veía nadar a las carpas. En los días fríos había un muelle desde donde contemplábamos los morros y el agua y quedábamos sintiendo el frío en nuestra piel sin atrevernos a entrar.

Tan tan tan, ahora suena la nube, el metal, y lo toca el cocinero, el Tenzo. Comer es alegría en el Zen – decía el Sutra que recitábamos en las comidas.

El fogón a leña, el agua de un manantial, las papayas, las

bananas que recogíamos de un gran bananal que estaba al toque de un morro, eran verdes y las llamaban "engaña niños", cuando estaban maduras seguían siendo verdes – esas buenas contradicciones –, las mandarinas que los vecinos también venían a buscar, naranjas, yuyú, taioba, iñames que nacían por doquier, los productos de la huerta... no precisábamos las góndolas de los súper. El maestro Dogen tenía razón, al terminar la shoka, la ceremonia de la mañana leíamos el zuimonki y en uno de sus párrafos decía "el practicante fiel no debe preocuparse por ropa ni comida".

Me decían que ir a un monasterio era aislarse, escaparse del mundo, en realidad el mundo es el que llega al monasterio y lo vamos descubriendo entre todos.

Formamos la familia espiritual y tenemos la de sangre y es más fácil aspirar a la familia

Universal. Si el mundo gira sobre su eje y se traslada por el espacio en forma elíptica alrededor del sol como una gran nave, nosotros somos parte de ella desde una experiencia Budista. Atentamente nos sentamos en el safú y contemplando desde la calma aportamos nuestra acción.

A finales de 1982 Daiju llega del Japón con vientos de renovación. Nuevamente las energías se reciclan y como Tokuda San estaba trabajando en Belo Horizonte, bajé el morro hasta Pedro Palacios, comí una cocada y fui pra lá.

Había una casa comunitaria, la clínica Victoria Regia y se quería hacer un Centro Cultural en Ouro Preto. Este era un viejo proyecto de Tokuda San. Mi primera acción fue un retiro en carpa en un morro en lo alto de Ouro Preto, un Sseshín. Las obras se habían paralizado pues el lugar elegido ya no lo era y se estaba procurando algún otro, todo quedó en *stand by*, en ése interín yo me hice cargo del campamento. Deambulando por las calles de Ouro Preto, en sus puentes, sus casas, la Iglesia, se puede ver la activa mano del hombre, quizá por eso la figura del Alejadinho adquiere su relieve.

Básicamente me dediqué a dar una presencia en el lugar, trabajé instalando algunas colmenas para la gente, dando masaje, lo importante era permanecer en el lugar. Tuve la ayuda incondicional de Luis Claudio, nativo del lugar, de la familia de Vinicius, y de un practicante restaurador de las pinturas de Iglesia, su papá era pintor de cuadros, no recuerdo el nombre pero sí su hospitalidad, él también había pasado por el morro Da Vargem. Participé en varios retiros junto a Tokuda San en diferentes sitios de Minas Geraes y tengo buen recuerdo de la cordialidad de los mineros.

Volviendo a Ouro Preto, como no se tenía noticia de ningún terreno para el Centro Cultural, el día que se robaron el Buda de madera levanté el campamento. Fue una pérdida lamentable, pero al tiempo apareció Pico De Raios en el Morro de San Sebatián, y una casa para alquilar donde futuramente comenzaría a levantarse el Centro Cultural. En abril del 84 se dio la oportunidad de legalizar mi documentación, hasta ése momento siempre con visa de turista. Fue necesario volver a Buenos Aires, mi ciudad natal, en donde también estaba Tokuda San, haciendo una movida en la Argentina.

Buenos Aires es una ciudad de tres millones de habitantes, el lugar en donde Tokuda San tenía un grupo de Zazen y trabajaba con acupuntura se llamaba "La casa de la Mujer" y éste lugar quedaba a cinco cuadras de la casa de mis padres. Todo parecía muy natural, volver a Buenos Aires después de mucho tiempo, visitar a mis padres, caminar hasta el Zendó, sentarme con Tokuda San y trabajar con masajes con los pacientes que él me recomendaba.

Colaboré en los seminarios de Shiatsu y en los Sesshines que Graciela y Tokuda San organizaban.

En un retiro, viendo una larga hilera de practicantes sentados frente a la pared, observando sus espaldas – de repente no sabía si eran Brasileños o Argentinos. Las escenas se mezclaban, las mismas que había vivido en Brasil, ahora en la Argentina.

Al terminar el retiro, en esos momentos en que cada uno dice algo, ofrecí colaborar con el Zen en Argentina, pero no lo cumplí. En Diciembre de aquel año regresé al Brasil junto a mi hermana Aurora, ahora Monja YiZen, y me despedí de todos.

Otros momentos, otras experiencias se fueron sucediendo, esta vez por un lapso de quince años. Mi vuelta al Camino fue en 1999 y se produce a través del portón del sufrimiento: la enfermedad, una de las cuatro nobles verdades del Buda – Uno puede dejar el Dharma pero el Dharma no lo deja a uno. La frase se cumplió, la habré escuchado en aquellas conferencias que Tokuda nos daba en el monasterio cuando recién comenzaba mi práctica, esas maravillosas tardes de Teishô.

Ahora, en Mayo de 2008, realizo una práctica cotidiana, convivo con las diferentes Sanghas, la familiar, la del trabajo, la del país y me siento, formando parte del todo. Procuro sentarme con atención, contemplando, y desde la calma ir hacia la acción desde esta experiencia Budista. Entonces confío en que las puertas del Tesoro se abrirán a sua vontade.

Agradecimientos: a toda la familia Zen, a los Brasileños, nuestros hermanos y a Joao que siempre me llama por teléfono y nunca me encuentra.

Napoleão Ryo Key[59]

Dokusan (8 de dezembro de 1985)

Discípulo Napoleão: "Tudo que eu pensei para falar disto não é isto. Eu tenho que arrumar uma forma de não pensar nisto, mas ser isto. O que eu faço?"

Mestre Tokuda: "Praticando Zazen, concentrando, cortar tudo. Desmoronar seu corpo e mente. Você vai desaparecer, e você, igual ao Universo inteiro. Ainda muita coisa na cabeça. Tem que abaixar mais, para baixo, abrir mais um pouco o joelho, mais dois punhos. Este mais para a frente. Cóccix e cabeça para trás. Respira fundo. Neste momento corta a raiz do pensamento, quando vem, aí tenta novamente, conseguindo isto, cuidar quando inspirar. Mesmo assim, sem querer você está pensando novamente. Cuidado posturas, pernas, mãos, coluna, queixo para dentro e expiração. Peso tem que descer mais um pouco. Tirar força dos ombros. Posição coluna, bem natural, não entra força nenhuma, só apenas embaixo do umbigo. Pensa com o HARA, não com a cabeça, aí vem pensamento certo. Isto precisa treinar bastante. Primeiro lugar, controlar bem correto postura. Depois respiração. Aí pensamento naturalmente é controlado. Com este Sesshin é que pode pegar, há sensação de realmente estar sentando firme. Aí com a alegria do Zazen. Aí não pensa mais outra coisa, só mergulhar, como soldados no campo de batalha, avançando para frente, esquecendo dores, feridas. É isto".

[59] Em 1985 conhece o Monge Tokuda. Em 1992 é ordenado pelo Monge Tokuda. Desde então tem à disposição dos praticantes de Belo Horizonte a Sala de Meditação Zadan.

Odete Lara[60]

Conheci o Monge Tokuda, penso que por acaso, ou teria sido levada pela minha busca?

De alguma coisa que desse sentido à minha existência?

Eu havia abandonado minha carreira profissional e passava o tempo investigando novas formas de viver, àquela época, conhecidas como vida alternativa.

Num fim de semana compareci a um seminário da Escola Musso em São Paulo, dirigida pelo papa da macrobiótica Tomio Kikuchi.

Nesse fim de semana aprendia-se a cozinhar, fazer do-in, a fazer coisas importantes para o dia a dia saudável.

Assim, numa tarde passo por uma das muitas ofertas de conhecimento e vi escrita pela primeira vez a palavra Zen: o Mestre Zen Tokuda dará uma palestra hoje às 16h.

Entrei e nunca mais desgrudei do Mestre quando soube que ele conduzia um Mosteiro no estado do Espírito Santo. Passei a ir periodicamente fazer estágios lá, onde encontrei uma biblioteca maravilhosa sobre Zen, com livros de Thomas Merton e outros. Ali se levava uma vida ideal no meio da Mata Atlântica.

Sou até hoje profundamente reconhecida por tudo que me foi dado aprender e sentir lá.

---

[60] Atriz, cantora e escritora. Abandonou sua carreira no auge, convertendo-se ao budismo. Publicou três livros autobiográficos e traduziu várias obras do Budismo.

Patrícia Seiho[61]

A princípio eu vou falar sobre como eu entrei no Zen. Bem, eu entrei no Zen pela porta do Zazen, da meditação, acho que o primeiro encontro foi com o Zazen. Um encontro espiritual mesmo, de caminho, e encontrei com uma pessoa que me mostrou o Zazen. Então na época eu estava com 18 anos, e buscando Yoga, mantras, diversos caminhos e encontrei com uma pessoa que me mostrou o Zazen. A partir desse momento eu me identifiquei, bem era esse caminho que eu estava buscando. Isto foi em Pirenópolis, e voltei para Brasília e fui para o Mosteiro de Ouro Preto. Isto foi na década de 80, mais ou menos em 1986.

Fui para Ouro Preto, conhecer o Mosteiro e me aprofundar na prática. Mas não tinha ninguém lá, eu subi lá, aquela ladeira, acho que aquela ladeira é histórica para todos, todo mundo que treinou no Pico de Raios tem uma relação com aquela ladeira. É uma ladeira imensa que você tem de subir e nisso já é um grande treinamento. Que você já vai queimando todos os seus pensamentos, o cansaço, a subida, então você já vai se limpando para chegar lá no Mosteiro. Na época era uma casinha, uma casinha bem pequena, três quartos, que ficava no fundo, assim como uma ruelazinha, e ali você tinha uma vista para um vale maravilhoso. Então esse era o Mosteiro na época.

E eu cheguei lá e tinha uma ou duas pessoas, inclusive tinha até uma portuguesa, eu não sabia como era o Zazen, então no primeiro Zazen que eu fiz ela estava junto e, como eu não sabia, no meio do Zazen eu comecei a fazer asanas de Yoga, achando que podia fazer, nossa, mas eu levei uma bronca tão grande

[61] Monja ordenada pelo Monge Tokuda Sensei em 1992. Formada em fisioterapia e acupuntura, tem pós-graduação. Reside e trabalha como terapeuta em Brasília-DF.

dessa portuguesa! Aí fui entendendo que o Zazen é outra disciplina, é um caminho formado já, você não vem lá para inventar nada. E realmente isto foi me disciplinando, e realmente você vai se moldando também. O Zazen, acho que o Zen Budismo é muito interessante nesse ponto, porque ele vai te orientando, você vai criando um caminho mais certo, você vai sabendo para onde é que você está indo.

Enfim, eu passei uma semana nesse Mosteiro e só então depois de alguns meses eu retornei para um Sesshin com o Monge Tokuda. Eu não o conhecia ainda. Então o meu primeiro contato com ele foi muito interessante, pois eu tinha muito medo dessa relação Mestre/discípulo, no sentido de perder a minha identidade. Então eu tinha muito medo. Mas foi muito interessante, pois ele é uma pessoa muito alegre, então ele te desmonta. Às vezes você vai com toda aquela ideia. E ele é uma pessoa extremamente simples, conversa e realmente te faz cair mesmo alguns conceitos. Eu acho que a história minha com o Tokuda foi muito isto. Você tem um conceito e ele está sempre quebrando esse conceito, essas ideias que você tem esses pré-conceitos, e ele vai te quebrando isto. Enfim, eu vou citar algumas experiências que eu julgo importantes.

Nesse primeiro dia que eu dormi lá no Mosteiro para fazer o Sesshin com o Tokuda, eu tive um sonho. E esse sonho era um Monge que chegava e eu me encontrava com esse Monge. E foi realmente um encontro forte. E quando eu acordei desse sonho, eu abri o olho, o Monge Tokuda estava me olhando. Ele já estava tocando o sino para acordar, para o Sesshin, para o primeiro Zazen, que era quatro e meia da manhã, ou três e meia, não sei. E quando eu acordo estava ele lá, me olhando. E falou para mim: "Bom dia!". "Bom dia!". Aquilo para mim foi um encontro. Foi realmente. Não é uma coisa qualquer. Realmente é uma vibração, um tipo de sintonia que você entra, que você tem um outro tipo de comunicação. Enfim, então vários

Zazens, e a presença dele, sempre muito importante, as palestras, muitas vezes você percebia que dentro do seu processo, aquela palestra era para você. Às vezes era para outras pessoas, mas tinha umas que você percebia exatamente que era para você mesmo. Era um ensinamento para você.

Então, teve um dia, eu era cismada com essa coisa das roupas de Monge, que achava que não tinha nada a ver, essa coisa preta, que coisa mais esquisita! E nesse Sesshin eu estava sentando ao lado do Monge Tokuda, muito contrária à minha vontade, porque ninguém gosta, excetuando algumas pessoas que gostam de aparecer, e tudo, para sentar ao lado do Mestre, mas eu nunca gostei de sentar ao lado dele, porque eu fico constrangida. Mas, enfim, por alguma razão eu estava sentando nesse Sesshin do lado dele, e aí eu estava nesta história da roupa, porque que tem essa roupa e ele simplesmente sentou de roupa comum do meu lado. Sem mais nem menos. Simplesmente. "Esquisito, por que ele não está sentando de roupa?" Isto estava no processo interno. E ele olhava para mim e ria. Aquilo "será que é coincidência isto, o que é?". Tudo bem. Nos próximos Zazens ele vai metade de Monge e metade de roupa comum. Até lembro que o Monge Anibal estranhou, "por que o Monge Tokuda está sentando desse jeito". Por que metade de calça? E na terceira vez ele veio inteiro de Monge. E eu percebi realmente uma diferença na profundidade do sentar, quando ele estava com a roupa inteira, aí mudou. É o que eu falei no início, na realidade ele vai te quebrando, é mais um processo de quebrar do que formar alguma coisa. Pelo menos no meu caso.

Os Teishôs, as palestras, sempre muito maravilhosas. Na época que eu me ordenei tava uma Monja francesa, me esqueci o nome dela em japonês, era a Veronique, e ela ia se ordenar. Aí ela ordenou Monja, e tudo. E começou esta coisa de algumas pessoas que queriam se ordenar também. O Zé Costa

[Mokugen], o Ricky [Dokyu] se ordenaram, e eu, nessa história, para aprofundar nesse caminho, tornar-me Monja mesmo. Na época eu era casada com o Napoleão e o Napoleão estava bem focado nisto. E eu, meio que também junto, pensei, tudo, é. Era nova, 22 anos, mais ou menos. E aí eu pedi assim para ele para ser Monja, mas na realidade doida para ele falar que não. Porque era uma decisão e eu não estava tão certa. Porque tinha uma onda, uma onda mesmo de se tornar Monge nesta época. Monte de gente assim. E, bem, vamos então, né. Ele falou não, você é muito nova ainda. Eu me aliviei e disse: "graças a Deus, vou me aquietar e não vou pedir mais". Um belo dia eu estava lavando louça, na época tinha algumas pessoas pedindo para ser Monge, e tudo, e ele virou para mim "então tá, então você também vai se ordenar. Só ordeno essa pessoa aqui se você ordenar junto também. Então vai todo mundo". Eu estava lavando louça e uns dois ou três meses depois, ordenou eu, o Robin [Togen], um inglês, o Napoleão [Ryo Kei] e o Flávio [Jikishin] que se ordenou novamente. Foi uma cerimônia lá em Belo Horizonte, uma cerimônia de lua cheia, de Vesaka, muito bonita. Foi uma cerimônia muito bonita. Ele manteve até o meu nome, porque eu já havia sido ordenada pelo Narazaki, como leiga. Ele manteve, não quis alterar.

Depois disso muito Zazens, muito crescimento nesse caminho. Até questão mesmo do Japão. Foi quando ele foi para o Japão primeiro, retornando essa ligação com o Japão, e me chamou para fazer esse treinamento de três meses com ele, que era o Angô. Foi na segunda viagem dele para o Japão. Aí eu fui, fizemos esse treinamento de três meses lá, aí dá para você ver bem o que é o caminho de instituição mesmo e um caminho autêntico, que é o que a gente teve com o Monge Tokuda. Então, tem essas duas coisas, que dá para perceber bem essa diferença.

E voltei para o Brasil, coisas pessoais aconteceram, eu era

casada me separei, e veio o convite para ir para o Japão morar lá, fazer um treinamento, na época encaixaram várias coisas na minha vida que era para ir mesmo, para o Japão para passar lá muitos anos. Foi uma experiência muito boa. Monge Tokuda ia lá com frequência. A gente sempre se encontrava, conversava. No terceiro ano que eu estava lá, interessante dessa ida com o Japão, do contato com a cultura japonesa, você vê também a decadência dos Monges, treinamento mesmo, que fugiu do original mesmo, acho que o próprio Buda jamais iria fazer esse tipo de treinamento como um caminho espiritual mesmo. Mas foi muito bom, o Eihei-ji, que a gente faz uns retiros lá, aí alguma coisa você pega lá de diferente, que é a origem, porque fica sempre fica alguma coisa de original, em Eihei-ji, eu percebi muito isto, a questão do Zazen. E na realidade você começa até a se desapegar do Mestre e vendo o seu caminho mesmo. O Monge Tokuda para mim foi realmente aquele dedo que apontou. Aquele que mostrou a profundidade do Zen, do significado, da realização que você tem de vida através da meditação, do Zazen, não só do Zazen sentado, mas do Zazen no seu cotidiano, que ele mostra para você isso, quando você faz o Zazen. Então você tem aquele respeito profundo pelo caminho. Não exatamente a pessoa, mas o caminho, então o grande agradecimento que eu tenho ao Monge Tokuda foi essa disponibilidade que ele doou para mostrar esse caminho, para quem quis ver, quem poderia ver, então ele mostrou para muitas pessoas essa trilha, e, sem dúvida, quando, no terceiro ano que eu estava no Japão, ele me falou "na hora que você quiser ir embora, pode ir embora. Já completou o que tinha de ser completado".

Quando eu saí do Japão, foi como que um, até que uma despedida, no sentido de Mestres. Agora é o meu caminho, então vou seguir o meu caminho. Foi quando, lá mesmo no Japão eu tive essa ideia, que o próprio Monge Tokuda nos mostrou o shiatsu, acupuntura, de você lidar com a cura com as pessoas.

E eu disse "eu quero entrar nesta área mesmo. Agora eu tenho que confiar em mim, confiar em mim, não é em Monge Tokuda, não é em Oshosan, não em Monge tal, ou qualquer outra pessoa. Qual é a sua escolha?". Qual que era a minha escolha naquele momento? Então foi realmente voltar e eu me formei em fisioterapia, e me formei novamente, entrei numa escola de acupuntura, me formei com pós-graduação, e trabalho com isto. Quer dizer, minha vida é baseada naquilo que ele mostrou para mim. Então eu tenho um grande apreço por ele neste sentido. Um respeito que eu jamais, uma pessoa que jamais vou esquecer, porque ele que me formou na realidade.

Ele mesmo não sabe da importância que ele tem na vida das pessoas, mas a minha vida inteira é baseada naquilo que ele mostrou. E é interessante quando você se desapega dele, quando você se desapega você encontra o seu caminho. E aí que é um grande agradecimento a ele mesmo.

E é o que ele sempre falou, cada Monge, cada discípulo ache o seu caminho, sem forma, sem padrões, sem nenhuma padronização, mas cada um trilhe o seu caminho, que sejam todos amigos, mas cada um com sua maneira de ser e de realizar o Zen na vida. Então para mim o grande encontro foi comigo mesmo. Que foi ele que proporcionou isto, sem dúvida. Eu não imagino o que seria a minha vida se não tivesse esse encontro. Talvez, né, sei lá o que seria. Talvez não estaria tão integrada comigo mesma, com as escolhas, mesmo que em erros e acertos.

Eu me lembro uma vez nós estávamos no Japão, e estávamos descendo para fazer o takuhatsu, que é a mendicância, e uma hora a gente estava conversando e tudo e ele falou "não, mas para mim não existe sorte ou azar, não existe erro nem acerto, tudo é bom! Tudo é o que é, então mesmo em erro ou acerto, não interessa, é o seu treinamento, é o seu caminho. Aquilo realmente, é interessante isto, o que é você errar, o que é você acertar? Não é, é só uma questão de ponto de vista, na realidade você simplesmente está ali".

E outra coisa que eu acho interessante com o Monge Tokuda, é uma pessoa que não dá espaço para superficialidade, então com ele não é "oi tudo bem", não é isso. O que é importante mesmo na vida, mas com muito humor, com muita leveza, com muita alegria, mas com muita inteireza. Isto ele passa assim para a gente, essa inteireza de estar, naquilo que está fazendo.

É isso, hoje estou com um filho, o Juliano, um mês e alguns dias, quatro dias. E é interessante que o Juliano veio, e, o filho vem e você vê o que você tem de importante para passar para essa pessoa. E aí é que eu agradeço mais ainda o encontro com o Zen, com o Budismo, com o Tokuda, porque é uma coisa que eu posso passar para ele, que eu achei que é valioso, que é precioso, que é verdadeiro, dentro dessa vida louca, que uma criança, um adolescente, vai estar aí lidando, pelo menos eu tenho essa preciosidade para mostrar, não sei se ele vai enxergar, aí é com ele, né, mas, isso realmente eu agradeço ao Monge Tokuda, porque sem ele não teria como eu conhecer o Zen, não teria. É isso.[62]

[62] Depoimento gravado em 23 de março de 2008 – Brasília-DF.

Paulo Gain[63]

VASTO VAZIO
E RENASCER
SEMPRE COMO
UM BODHISATTVA

[63] Paulo de Melo Freitas Junior, engenheiro civil sanitarista. Monge Zen Budista, ordenado por Shingu Sokan em São Paulo em 1976. Faleceu em 2009.

Pedro Correia de Araújo[64]

Tokuda é um ser iluminado.

Ele é empreendedor, levantou muitos Mosteiros... Aquele lá do Espírito Santo, que depois ele deixou, o daqui de Ouro Preto, tem agora esse de Goiás, que não sei como está... Não sou um praticante do Zen. Atualmente estou escrevendo sobre Teosofia.

Sei que são poucas as pessoas assim como o Tokuda.

Quando estou perto dele ficamos em silêncio. Não há o que dizer, é o silêncio...

Você não precisa falar com o Tokuda. Você sente bem, sente que com ele é só coisa boa.[65]

---

[64] Ceramista, iniciou seus estudos em Lausanne (Suíça) prosseguindo em Copenhague (Dinamarca), onde se especializou. Na época, foi um dos pouquíssimos ocidentais capazes de realizar com perfeição "Celadons" e "Sangue de Bois". Proprietário do Hotel das Lages em Ouro Preto-MG.

[65] Depoimento colhido por telefone em 7 de junho de 2007.

Pérola Lerman[66]

O nosso Mestre, o Monge Tokuda, é uma pessoa muito especial.

Eu o conheci há muitos anos. Minha mãe, Flora Grimberg Lerman, e eu fomos suas clientes de shiatsu e acupuntura. Acompanhando minha mãe às consultas, pude ver de perto o trabalho maravilhoso que ele fazia. Daí surgiu o meu interesse em aprender com ele estas técnicas.

Como a pessoa que organizava seus cursos mudou-se de Belo Horizonte, e estando eu firmemente decidida a obter o aprendizado, prontifiquei-me, junto com minha mãe, para sermos as organizadoras e divulgadoras dos cursos de shiatsu e acupuntura.

Dividindo tarefas com minha mãe, ficou por minha conta a organização dos cursos, que passaram a ser ministrados na Clínica Procurar-se, em Belo Horizonte. Assim, era eu quem cuidava das inscrições e contato com os alunos. Minha mãe ficou por conta da divulgação, já que era uma pessoa eficiente e atuante em entidades filantrópicas da cidade. Seu vasto conhecimento e bom relacionamento com jornalistas permitiram que ela sempre conseguisse a publicação de notícias e anúncios gratuitos.

Desta forma, tivemos a oportunidade de ficar muito próximas do Monge. Com muita frequência, ele era nosso convidado para o almoço, o que nos permitia descontraídos bate-papos. Somos gratas por essas conversas agradáveis e enriquecedoras.

O intenso contato com o Mestre permitiu profissionalizar-me em shiatsu, que é parte do meu trabalho como terapeuta

[66] Psicóloga, especialista em Shiatsu, Cinesiologia, Jin Shin Jyutsu, Leitura Corporal e Reiki.

corporal. Sou grata por ter recebido dele minha primeira ferramenta de trabalho.

Quando os cursos eram realizados no Mosteiro Zen Pico de Raios, em Ouro Preto, meus companheiros e eu praticávamos meditação e aprendíamos sobre a filosofia Zen nas aulas teóricas. Também tivemos a oportunidade de participar, muitas vezes, dos rigorosos Sesshins de finais de semana. Nessas ocasiões, era inevitável que o Mestre, às vezes, flagrasse algum discípulo em um cochilo, durante a primeira meditação, às 4h30 da madrugada. Na palestra que fazia logo após, ele sempre encontrava uma forma elegante de fazer uma alusão aos nossos deslizes, de tal forma que a pessoa envolvida sempre entendia que aquela fala era para ela. Somos gratos por sua sutileza.

Comigo o Mestre sempre foi muito exigente com relação ao horário e disciplina com as meditações, o que foi sem dúvida difícil, mas, segundo ele mesmo, acabou sendo muito benéfico para o meu crescimento. Concordo e agradeço por sua firmeza. Além da organização, aprendi a ser firme e determinada com relação ao meu caminho interior.

Mas nem tudo foi só dureza. O Mestre também exercitava, com leveza, o seu senso de humor. Por causa de um conto Zen que fala sobre uma Pérola Resplandecente, quando me encontrava, ele gostava de brincar: "Olha a Pérola *Resprancedente!*, sabendo bem que achávamos engraçado o seu jeito oriental de trocar o "l" pelo "r".

Também foi muito divertido quando ele nos ensinou uma sequência de pontos de acupuntura apropriados para combater a "dirrareia".

E quando alguém lhe perguntava se podia tocar a sua "careca", o Mestre sempre dizia: **Você** pode! Só que seu carinho era por todos, de forma que qualquer um que fizesse essa pergunta recebia a mesma resposta carinhosa: "**Você** pode! Todos nós podíamos.

Agradeço a ele por nos mostrar que todos éramos valiosos e especiais.

Agradeço, enfim, de todo o coração, ao Monge Tokuda, o seu exemplo de espontaneidade e de valorização das pequenas coisas da vida.

Que Deus continue a iluminar o seu caminho, e que ele esteja sempre repleto de bênçãos.

Reginaldo Teixeira Coelho (Regis)[67]

A flor de lótus que se abriu no Brasil

Eu estava me formando em psicologia clínica na UFMG nos anos 76 /77 e sendo assistente do Dr. Pierre Weil na cadeira de Psicologia Transpessoal. Pierre havia criado junto com a professora de Yoga Maria José Marinho um Instituto que se chamava Síntese voltado para as ciências transpessoais e espirituais, que promovia seminários, *workshops* e retiros nessas abordagens. A Síntese conseguiu trazer ao Brasil e a Belo Horizonte grandes expoentes daquele momento nas ciências holísticas, com Stanislav Grof, F. Kapra, vários gurus e sábios da Índia e do Oriente.

Uma colega de faculdade namorava um engenheiro apelidado de "Tainha", que era macrobiótico e treinava Budismo Zen em São Paulo e no Espírito Santo. Tainha era um tipo interessante e começou a falar muito do Monge Tokuda, com o qual estava treinando e resolvi fazer uma apresentação, através da Síntese, do Budismo Zen em Belo Horizonte.

Quando estava nos preparativos, que duraram alguns meses, quase que semanalmente eu tinha um sonho que se repetia. Era uma visão como se eu estivesse com os olhos dirigidos ao topo da cabeça de um Monge visto de cima e dentro de uma enorme sala vazia, como se ela estivesse num subterrâneo. Cada vez que eu sonhava via a mesma cena cada vez mais próxima de mim, mas sem nunca ver a face desse Monge.

Chegou o dia do Seminário com o Monge Tokuda, na sala da Síntese, Rua Pernambuco, em Belo Horizonte. Tokuda tinha uma grande dificuldade de falar o português e também o in-

[67] Psicólogo clínico, especialista em constelação familiar, cinesiologista. Ordenado leigo pelo Monge Tokuda em 1999, em Lavras Novas-MG.

glês, mas a experiência da Meditação, o Zazen, o sentar na posição de lótus, com os olhos semicerrados, concentrados na respiração, produziram um grande impacto.

Tokuda me pareceu um japonês fechado, pouco simpático e austero, mas para surpresa minha dois ou três dias após o término eu novamente tive o sonho, mas desta vez, o Monge assentado me apareceu de frente, com um grande sorriso e, para minha surpresa, aquele Monge era o próprio Tokuda. Comentei isso com o Tainha e ele sorriu e disse que aquilo poderia ser um tipo de "satori" ou "pequena iluminação".

Algum tempo depois, Tokuda foi convidado a passar uns dias em Belo Horizonte na casa de Rodrigo e Roberto Leste, irmãos e artistas que eram simpatizantes do Zen. Em um desses dias fui convidado para um jantar de comida japonesa tradicional de Mosteiro, na casa dos Leste. Ainda aí, tive um pequeno contato com Tokuda, que ainda me parecia fechado e pouco receptivo, mas toda aquela atmosfera me intrigava e algo dentro de mim queria saber mais.

Encontrei-me então com o jornalista Marco Antônio Lacerda, que nesse tempo vivia em San Francisco, nos EUA. Ele me disse que frequentava o Zen Center já havia algum tempo e me descrevia um pouco a atmosfera dos retiros, da Sangha (a comunidade dos praticantes) e que várias pessoas da contracultura californiana, como o poeta Grimberg, Alan Watts, Ken Wilber, circulavam no Zen Center. Todos esses eram ídolos para mim, de um movimento novo de consciência para o qual a humanidade estava se direcionando. Minha curiosidade, meu espírito aventureiro se aguçaram, mas não havia nenhuma simpatia da minha parte por aquele Monge. Mesmo assim, resolvi aceitar o convite para fazer algumas práticas do Zazen na casa dos Leste. E assim comecei: acordava às 5 horas da manhã para estar lá às 5 e meia, sentado na posição de lótus, com os olhos semi-abertos e virado para a parede, por 40 minutos e depois cantar os Sutras em uma língua que eu não entendia.

Em um desses dias, Tokuda chegou próximo de mim e como um *flash* eu vi um sorriso daquele Monge do meu sonho. Aquele sorriso me acordou: Tokuda já vivia dentro de mim e de repente a antipatia se tornou uma enorme afinidade, como se ele fosse um irmão mais velho de toda uma existência. Durante meses continuei praticando até que fizemos um Sesshin. O Sesshin foi fundamental. Éramos poucos, sete ou oito pessoas numa casa na região de Ouro Preto, era inverno. Um frio! As águas em torno viravam gelo! Levei comigo minha amiga Márcia Mansur, mulher inteligente, líder e forte.

O retiro era um grande desafio: fazíamos oito sessões de Zazen, intercaladas com pequenos trabalhos, refeições, aulas sobre o Zen Budismo, Koans, Sutras. Dormíamos de 9 da noite às 4 da manhã. Tinha que lutar contra a dor nas articulações, o frio e a minha própria mente que achava ridículo estar sofrendo aquilo tudo por nada. Mas foi exatamente esse *nada* que nos surpreendeu. A sensação mais próxima que tive daquele estado foi quando experimentei o LSD anos atrás e que me mudou a consciência da chamada realidade objetiva e subjetiva. Uma sensação de extrema paz e plenitude transbordava de tudo e de todos e comecei a prestar atenção nas coisas mais banais, nas flores, nos insetos, na comida, nas cores, e um silêncio enorme atravessava tudo.

Tokuda se transformara em um menino com uma leveza e delicadeza em todos os atos. De repente toda a dor de horas em posição de lótus, o desconforto daquela casa, tudo não havia mais sentido. O mais interessante é que Tokuda, que mal falava o português, começou a nos transmitir grandes ensinamentos do Shobogenzo, um complicado livro sagrado dos cânones Budistas com uma simplicidade e clareza que surpreendia também a ele mesmo. O local, agora me lembro, era a casa de um físico amigo de Tainha e Tokuda, em Lavras Novas, que hoje, quase 30 anos depois, é um segundo Mosteiro da região de Ouro Preto e essas terras foram doadas por este físico anos depois à comunidade Budista. Todo aquele pequeno grupo tornou-se como grandes amigos e irmãos, e o mais interessante é o que nos uniu foi o silêncio e o vazio que no Zen é denominado Sunyata. Depois desse retiro acho que o Zen se estabeleceu nessas montanhas de Minas.

O pequeno grupo continuou a praticar na casa dos Leste até que resolvemos alugar um pequeno barracão na Rua Itapema no bairro do Cruzeiro, em Belo Horizonte, onde ali se estabeleceram as bases e se solidificou a prática do Zazen, as aulas de acupuntura, shiatsu. A farmácia tradicional chinesa, todas essas joias que o Mestre Tokuda trouxe do oriente e que nós praticantes pudemos usufruir e desenvolver nas nossas vidas.

A flor de lótus do Brasil vai para o mundo

A força de caráter e o Dharma que circula através do Mestre Tokuda começaram a girar. Já a partir dos anos 80, o nosso centro de Zen começou a se expandir. Tokuda apaixonado pelas montanhas mineiras e em especial por Ouro Preto. Começamos a fazer alguns retiros no morro de São Sebastião, onde a antiga cidade de Vila Rica tinha sido queimada pelas forças armadas portuguesas, em um massacre sangrento contra os exploradores e escravos do ciclo do ouro.

Começamos fazendo um acampamento naquela região. Assim ele, Tokuda, atuava. Primeiro sempre locava os lugares e aos poucos a sua força junto com a Sangha fazia circular quase um fenômeno, que de repente o Universo se abria e aquilo que nós desejávamos aparecia para nós. Uns dias depois desse acampamento, conseguimos alugar uma casa nesse morro onde por quase oito anos funcionou como Mosteiro e um centro de terapias orientais. A casinha era linda e ficava nos fundos da propriedade de dona Lica, uma senhora lendária, descendente de escravos, com uma enorme família, mas que eram na realidade donos de grande parte dos imóveis na região e na Praça Tiradentes na cidade.

Dona Lica nos protegia e era a referência para nós e também usufruía dos tratamentos de acupuntura, participava das cerimônias e principalmente da cerimônia para liberação dos escravos e pioneiros que uma vez por ano fazia nas ruínas de Vila Rica, na boca de antigas minas de ouro.

Ricardo Braun[68]

Em 1995 eu cursava o Mestrado do Programa de Pós-graduação em Ciência Ambiental (PGCA) na Universidade Federal Fluminense (UFF). Naquela ocasião, na cadeira que tratava Epistemologia e Vida Filosófica Crítica sobre o Meio Ambiente, discutia-se muito as antigas e novas filosofias, e como estas se relacionavam ao meio ambiente. Sugeri ao coordenador do curso convidar o Mestre Tokuda para dar uma palestra sobre Zen e Ecologia. Foi tudo organizado e o Mestre Tokuda deu sua insólita palestra sobre esse tema. Dentre muitas coisas falou sobre sua experiência no Mosteiro no Japão, de acordar antes do Sol nascer e, ao tocar o sino principal, imediatamente após o primeiro gongo, um pássaro ao longe sempre cantava..., falou sobre outras conexões da vida monástica com a ecologia, de, por exemplo, não usar luz, somente lampiões e assim sucessivamente. Uma verdadeira aula de ecologia.

Terminou sua palestra e algumas perguntas foram feitas para o Mestre Tokuda, que as respondeu de maneira simples e sábia.

Posteriormente ao indagar alguns professores ali presentes sobre o que tinham achado da palestra, um deles me respondeu: "não entendi nada sobre o Zen e a ecologia. Achava que iria falar sobre metafísica..."

Algum tempo depois concluí que a mente acadêmica, e em geral da própria sociedade, com tantos conhecimentos teóricos, não consegue ver a mais simples relação entre o homem e a ecologia, tão fundamental para a sobrevivência do nosso planeta.

Gasshô!

---

[68] PhD em Ciência Ambiental, 26 anos trabalhando com o meio ambiente. Praticante de Zazen desde 1988.

Ricardo Mário Gonçalves[69]

Memorabilia (Recordações do Mestre Ryotan Tokuda)

Conheci o Mestre Ryotan Tokuda em Tokyo, em fevereiro de 1968, quando fiz minha primeira viagem ao Japão como membro da delegação brasileira participante do II Colóquio Brasil-Japão promovido pela UNESCO. Na época eu estava iniciando minha carreira docente na USP e estava vinculado à Comunidade Budista Soto Zenshu como *shudoshi* (ministro do Dharma auxiliar) e o então superior dessa Instituição, o Reverendo Ryohan Shingu, que se encontrava no Japão, me apresentou o Reverendo Tokuda, cujo nome de Dharma era Ekyû na época, como um possível interessado a vir para o Brasil como missionário. Imediatamente fiquei impressionado com sua profunda dedicação ao Dharma e sólido preparo intelectual adquirido na Universidade de Komazawa, pertencente à Escola Soto Zenshu. Ao contrário da maior parte dos Monges Budistas japoneses que eu conhecera até então, não era ele oriundo de família de clérigos e herdeiro de templo familiar, era um leigo que se convertera ao Budismo Zen depois de se dedicar por breve período à carreira militar como membro da Força Aérea do *Jieitai*, a Milícia Japonesa de Autodefesa. Como acontece geralmente com os convertidos, ele demonstrava muito mais devoção à causa do Dharma do que aquele que geralmente encontramos entre os filhos de clérigos, destinados por sua origem familiar a se tornarem herdeiros do templo da família. Conversei bastante com ele e percebi quer minhas explanações sobre o Brasil e sobre as condições favoráveis

[69] Reverendo Prof. Dr. Ricardo Mário Gonçalves (Shaku Riman), Missionário da Ordem Otani de Budismo Shin (Templo Nambei Honganji – São Paulo), Ex-Professor do Depto. de História da USP (História Antiga e História das Religiões).

apresentadas pelo mesmo para a implantação do Budismo Zen o deixaram bastante motivado a vir para nosso país.

Quando, poucos meses depois, ele chegou a São Paulo como missionário da comunidade Budista Soto Zenshu, tomei a iniciativa de apresentá-lo a meu chefe imediato na USP, o Prof. Dr. Eurípedes Simões de Paula, Catedrático de História da Civilização da Faculdade de Filosofia, Ciências e Letras (hoje Faculdade de Filosofia, Letras e Ciências Humanas), grande incentivador dos Estudos Orientais na Universidade. O Prof. Eurípedes imediatamente o aceitou na qualidade de instrutor voluntário não remunerado para que ele trabalhasse comigo em História Oriental. O Prof. Eurípedes estava muito interessado no estudo da Rota da Seda e sua importância para as relações entre o Oriente e o Ocidente na Antiguidade e Idade Média e seu plano era que nós dois fizéssemos pesquisas históricas sobre essa temática. Em setembro de 1969 participamos do V Simpósio Nacional de Professores Universitários de História, em Campinas, Estado de São Paulo, no qual ele apresentou uma comunicação sobre o Monge chinês Xuanzang (600–664), peregrino e tradutor que viajou pela Ásia Central e pela Índia entre 629 e 645 e escreveu o *Relato sobre as Terras Ocidentais do Grande T'ang*, precioso repositório de informações sobre as regiões por ele percorridas. Na mesma época participei com ele de um Sesshin para brasileiros praticantes de Zazen, o primeiro no gênero a ser realizado em nosso país, nas dependências do Centro Teosófico Raja, no município de Itapecerica da Serra, na Grande São Paulo. O Mestre Tokuda me impressionou bastante pela competência e rigor com que atuava tanto como pesquisador acadêmico quanto como instrutor de Zazen, bem como pela afabilidade e facilidade de comunicação que demonstrava no trato com os brasileiros. Foi também nessa mesma época que eu tive de me submeter a uma pequena intervenção cirúrgica que me obrigou a permanecer de cama por alguns dias nas dependências da Comunidade Budista Soto Zenshu, até a completa recuperação. Nessa fase o Mestre Tokuda permaneceu a meu lado com a compaixão de um Bodhisattva, fazendo-me os curativos necessários com extraordinária habilidade e zelando atentamente por meu bem-estar.

Pouco tempo depois nossas vidas tomaram rumos divergentes e poucas vezes o tenho reencontrado por breves momentos, ao longo dos anos. Todavia, sempre acompanhei com muito interesse suas atividades de criação de centros de prática do Zen em nosso país e de formação de discípulos brasileiros. Hoje eu me sinto bastante feliz por ter contribuído para sua vinda a nosso país, em que ele tanto tem feito pela implantação do Budismo Zen.

Ricardo Pessoa[70]

Naquele tempo, anos 80 e 90, nós (três Monges e dezenas de leigos, entre eles eu) convivíamos com o Monge Tokuda – que nos permitia tal privilégio – e nem imaginávamos que agora, 20 anos depois, estaríamos recebendo-o quase como um mito.

Poderia escrever um livro sobre tal período: tanta coisa experimentada, vivenciada, desfrutada, trabalhada, mas agora para atender à proposta da homenagem coletiva envio apenas algumas histórias e diálogos:

Dokusan!

Novo Mosteiro em Ouro Preto: Casa de Pedra. Anos 90 Sesshin, 4º ou 5º dia.

Logo após o 1º Zazen da manhã, Tokuda, com aquela voz grave da meditação, anuncia, quebrando o silêncio: "Dokusan!" (ou teria sido Yakusan?). Na verdade aquilo nunca tinha sido feito antes, pelo menos para nenhum de nós ali presentes. Nos entreolhamos surpresos, ele então esclareceu: após o 3º Zazen nós deveríamos ficar de pé, formando uma fila em silêncio, guardando a postura e, cada um por sua vez, deveria adiantar-se fazer três prostrações até o chão perante ele sentado no centro do Zendô, ajoelhar-se e declarar em alto e bom tom: "Eu tenho uma pergunta!", em seguida fazer a tal pergunta no mesmo tom e, fosse qual fosse a resposta, deveria agradecer fazendo gasshô e dizer gravemente: "Obrigado, preciosa resposta!", para então voltar ao seu lugar, cedendo a vez ao próximo, e tudo isto na presença de todos.

---

[70] Arquiteto. Interessou-se pelo Zen em 1963 ao ler um artigo na revista *Senhor*. Anos depois, já formado e casado, esteve num retiro com a presença do Mestre Zen Thich Nhat Hanh e conheceu o Marcos Beltrão. Então foi a Ouro Preto e conheceu o Monge Tokuda, e começou a praticar.

Era a única vez que eu participaria de tal ritual em todos aqueles anos. Instalou-se um clima diferente, dava pra perceber a energia. Como acabaria o 1º Zazen, no intervalo era permitido um kinhin individual na varanda para "esticar as pernas", um de nós mais afoito (meu amigo W., hoje Monge) dirige-se ao Tokuda e fala: "É, mas eu não tenho nenhuma pergunta" (ah, pra quê?...), levou um fora imediato do Mestre: "Sua ignorância é tanta que nem pergunta você tem!".

E eu que também não tinha nenhuma pergunta?! A imprudência do meu amigo me salvara da vergonha – por enquanto! O diabo era que eu tinha de arranjar uma pergunta à altura daquela cerimônia, e que não fosse tola.

É claro que já tivera algumas perguntas, já respondidas ou abandonadas, por serem mera curiosidade intelectual ou tolice mesmo. Não as tinha mais e se fosse buscá-las com a memória agora me parecia um erro. Ainda haveria dois Zazens antes, eu iria aproveitar. O ambiente estava mais sério, o silêncio mais profundo. No início da 2ª meditação ainda havia esses movimentos mentais de busca da pergunta, à medida que ia abandonando isto e me deixando aproveitar aquele grande silêncio minha mente não buscava mais nada a perguntar. E "ali" não havia qualquer pergunta a ser feita. O estado de perguntar tinha ficado para trás (e antes era tão eloquente!), parecia não ser exatamente uma compreensão, era um estado. Fiquei lá experimentando aquela tranquilidade, pura quando: Tiiiim! (toca o sino do encerramento do 2º Zazen).

Terceiro e último: tento retomar aquele processo interrompido, mas vem à tona o seguinte: "Droga! Eu tenho que fazer tal pergunta!" Era inevitável. Interessante é que, por outro lado, aquilo também parecia totalmente irrelevante em determinado instante. O problema sobre o que perguntar não era mais o principal. A coisa era a pergunta em si! – É, já sei...Vou perguntar uma coisa que quero ouvir qual "resposta" vai ter. Estava satisfeito. Não havia mais tensão, na busca, nem dúvida, só uma pergunta que nem demandava resposta, nem era desejo saber. Fico ali em Zazen até que: Tiiim! Sino encerra a meditação. Chegou a hora.

Todos nós levantamos em silêncio, vamos formando a fila, e me levanto meio devagar como que querendo ficar por último ou nem entrar, Tokuda percebe e inusitadamente fala: "Você também, Ricardo" (– É, não tem jeito, penso eu). A voz dele fora absolutamente isenta de qualquer inflexão – sabem como uma coisa é o que é e só aquilo? Não havia qualquer ordem, pedido, dureza ou compaixão – era como se não houvesse ninguém ali dentro, apenas o Mestre, conhecido meu. Os companheiros da frente já estavam indo, perguntando e recebendo respostas, sempre cumprindo ritual. Eu, por último, aí atentamente ouvindo. Grande parte das perguntas tratava mais do karma, outras sobre como aumentar a compaixão, ou sobre comportamento, quando me dei conta era minha vez. Encaminho-me, paro em frente a ele, ali imóvel sentado em lótus, fisionomia impassível, faço as três prostrações até o chão, me ajoelho perante ele e anuncio:

– Eu tenho uma pergunta! (Faço um mini-intervalo silencioso e pergunto:)

– O que vem ANTES da pergunta?!

– "o não-nascido."

– Obrigado, preciosa resposta.

A flecha

Mosteiro Zen Pico de Raios – Ouro Preto – Minas Gerais – Anos 80/90 – Sesshin.

Ainda chamada "Casa de Pedra" (hoje é o Mosteiro), não estava totalmente concluída e dormíamos no Mosteiro inicial que era uma simples casinha rural também lá no alto do Morro, mas distante uns 10 a 15 minutos a pé, cortando caminhos pelos fundos do terreno íngreme ou indo pela estrada de terra quase sempre deserta. A caminhada de madrugada quando acordávamos para os três Zazens da manhã era feita no escuro, às vezes, por dentro das nuvens (altitude 1.700 m) – não havia iluminação e quase "adivinhávamos" o caminho (acredito que quando Tokuda vier a ler isto vai recordar com grande prazer esse período, não só ele, mas todos nós que vivemos aqueles momentos). Enfim, era uma preliminar e tanto atravessar aquele trecho ouvindo apenas nossos passos nas pedrinhas da estrada (à noite, às vezes elas até refletiam a Lua!), no meio da nuvem, naquele frio e silêncio indo para a meditação.

Tokuda havia comentado em treino anterior aquela história do Mestre e discípulo que lançava flechas em direção ao Mestre (batalhas de Dharma) e o Mestre lançava outra de volta e as duas se chocavam no meio do caminho, e tal se repetia sempre com o Mestre anulando a flechada do discípulo, até que na última flecha do discípulo o Mestre não lançou a sua para interceptá-la.

Aquela historinha causara-me muita impressão. Estávamos voltando por aquela estrada, caminhando em silêncio, Tokuda, meu amigo JC (hoje Monge) e eu. Nenhum de nós falava. (Eu, às vezes, costumava ludicamente fazer meus passos coincidirem sonoramente com o companheiro que estivesse próximo, mesmo sem deixá-lo perceber, numa espécie de comunhão de caminho). Bem, mas naquele dia a historinha não me saía da cabeça e não quis deixar passar a oportunidade. Quebro o silêncio e comento com Tokuda minha admiração pelo que ele contara – e não só isso – audaciosamente envio-lhe uma pergunta-flecha! Ele delicadamente percebe a anula-a enviando outra de volta (ensaio de batalha de Dharma!). Não satisfeito envio-lhe outra (tudo isto foi muito sutil, sem agressividade e quase imperceptível) – ele novamente anula e quando eu ia mandar-lhe a terceira, antes mesmo que eu "pusesse a flecha no arco" ele se adianta e oferece a flecha já pronta para eu lançar contra ele!

Surpreendido, atônito e deslumbrado, reconheço: "Você é realmente um Mestre".

A poeira no espelho

Aeroporto Internacional do Rio – um dos muitos embarques do Tokuda para a França.

Estávamos no saguão, Tokuda, Marcos e eu. Tínhamos tempo e os outros não haviam ainda chegado. Tokuda (como sempre fazia) resolveu tomar um cafezinho. E lá fomos nós. Era uma despedida simples, rotineira, quase não tínhamos o que falar ou combinar. Caminhávamos tranquilos em silêncio. À minha cabeça rondava aquela famosa historinha dos dois Monges: o da poeira no espelho que deveria ser sempre limpa e a do fantástico Hui-Neng com seu "No princípio nada é". Marcos afastara-se um pouco para pegar alguma coisa e resolvi aproveitar. Como considerava Tokuda um iluminado, mas sem dizer-lhe, perguntei: "Aquela frase do Hui-Neng é fantástica, mas mesmo um iluminado, às vezes, não precisa limpar alguma poeira?". Tokuda olha pra mim e simplesmente responde: "Quando pergunta já não é, né?".

– Droga! Ele é quem me pegara! Tive que rir.

Primeiro diálogo

Ouro Preto-MG. Década de 80. Umas das chegadas do Monge Tokuda ao Brasil.

(Escrevi acima Monge, e não Mestre, porque na época era assim que o chamávamos).

Estávamos cinco num velho jipe, sem cobertura: os três quase únicos Monges brasileiros (Aníbal Jipo, Paulo Melo e Marcos Ryokyu), Tokuda que acabara de chegar ao Brasil e eu (encantado e honrado por estar ali com tais pessoas). Estávamos indo a Lavras Novas, pequena cidade próxima onde alguém oferecera algo que os três Monges iriam tratar ou buscar. No caminho quase não se falava: a barulheira do jipe se sacolejando todo, a poeira e o vento na cara também não ajudavam. Finalmente chegamos. Era uma casa afastada num terreno amplo sem vizinhos perto, nenhum movimento. Os três Monges saltaram do jipe e foram lá. Tokuda ficou quieto no jipe e eu também não tinha o que fazer lá. E, de repente, estava completamente a sós pela 1ª vez na vida com um Monge Zen japonês de verdade. Era uma ocasião e tanto! Eu estava muito atento quanto a qualquer manifestação dele. Os três Monges estavam demorando. Sorte minha. Mas Tokuda continuava tranquilo em silêncio ali sentado no arco da frente. Qualquer coisa que ele falasse seria como uma pérola e eu estava ansioso para ouvir. Mas ele, pensei, além do natural silêncio monástico, ainda passava por longa viagem, fuso horário etc., era natural que estivesse cansado. Mas eu não podia perder aquela oportunidade única de ouvir um Mestre! – É, mas também não devo incomodá-lo com perguntas tolas de principiante leigo, pensei. O silêncio continuava. Passam-se 5 a 10 minutos e, antes que os outros voltassem, não consegui ficar mais quieto e arrisquei com a única coisa adequada para começar uma conversa: “Você parece cansado...” disse. E ele gentilmente responde: “É, estou cansado”... E eu só pude responder: “Então aproveita e dorme”.

Não pude mais falar nada. Correto e decepcionado pensei: “bem-vindo ao Zen, Ricardo”.

Flautas

Primeira vez que eu vi o Tokuda, em fotografia ainda, foi num mini-Sesshin na casa de Odete Lara. Eu fiquei olhando e ela mostrou muita reverência, ela contou que aquela fotografia ela havia tirado dele quando Tokuda estava tocando flauta no jardim dela, que tem um gramado lindo. Ele estava tocando flauta e ela tirou a fotografia sem ele perceber. Isto ficou em minha memória. Muitos anos depois, num Sesshin em Ouro Preto, no primeiro dia eu estava com uma dor de cabeça brutal, o Marcos Beltrão perguntou-me se não queria fazer acupuntura com o Monge Tokuda. Eu fiquei inibido, mas falei: "ótimo, será que ele faz?". Aí o Tokuda chegou e estava eu, a Terezinha e o Marcelo. O Marcos havia saído dali. O Tokuda falou: "então está bem, vamos fazer". A Terezinha e o Marcelo pediram autorização para assistir. Eu disse que sim.

Fomos para a salinha, era o quarto dele. Deitei na cama, pensei "puxa vida, na cama do Mestre Tokuda, ele vai me fazer uma acupuntura", e eu fiquei lá. Ele começou a me fazer um shiatsu, foi quase uma acupuntura direto. A Terezinha e o Marcelo sentados assim, na cabeceira da cama. Silêncio absoluto, e eu fiquei tão entregue, que o Tokuda percebeu e falou assim: "é bom ser tratado, né?". "É ótimo!", eu disse. E veio aquele momento que a gente tem de ficar com as agulhas, quieto. Aí, dez ou quinze minutos depois, eu ouço um som de flauta, o Tokuda estava tocando flauta, aquela que a Odete tinha fotografado. Então foi um *flashback* incrível. Sabe? Melhor do isto não tem. Antes eu tinha visto a foto dele tocando, depois eu fui tratado por ele e ele tocou flauta para "mim". Então foi uma experiência e tanto. Uma das primeiras.[71]

---

[71] Este último trecho do depoimento do Ricardo Pessoa foi gravado no dia 17 de maio de 2008, em casa do Marcos Beltrão, Rio de Janeiro-RJ.

Rizomar Kanguetsu[72]

Desde que tive o primeiro contato com o Mestre Tokuda, ele sempre deixa um ensinamento. Sempre observando sua forma de passar os ensinamentos. Mesmo quando estamos com o Mestre Tokuda por algumas horas ou minutos, os ensinamento se fazem presentes na vida diária, tornando a vida simples .

Gasshô!

[72] Rizomar Gonçalves da Silva, ordenada leiga pelo Mestre Tokuda. Nome de Ordenação: Rizomar Kanguetsu. Significado do nome de ordenação: O lago onde reflete a lua. Data da Ordenação: 12.10.2001.

Rizonete Koguetsu[73]

Mestre Tokuda, desde que o vi pela primeira vez, ouvi suas palavras, e vendo suas ações, as quais me fizeram refletir na observação de seu ir e vir com seus ensinamentos, estou caminhando nesta direção.

Gasshô!

[73] Rizonete Gonçalves da Silva. Ordenada leiga pelo Mestre Tokuda. Nome de Ordenação: Rizonete Koguetsu. Significado do nome de ordenação: A ovelha que sobe a montanha e tira obstáculos. Data da Ordenação: 12.10.2001.

Rosângela Alves[74]

Em Brasília

Foi numa tarde quente em Brasília, por volta de 1981.

Tokuda almoçou comigo no Restaurante *Coisas da Terra* e depois fomos a uma agência dos correios. Ambos tínhamos cartas para postar.

Entramos na fila. Comprei meus selos, colei-os automaticamente na carta e enfiei-a logo na caixa postal. Pronto. Missão cumprida.

Fui andando para a saída, mas Tokuda tinha ficado para trás.

Ele ainda estava junto à mesa, artisticamente arranjando os selos sobre a carta. Fiquei observando.

Com passos suaves, e segurando a carta como se fosse uma xícara de chá, Tokuda caminhou até a caixa e colocou-a, delicadamente.

Em seguida, juntou as mãos e fez uma reverência para a correspondência que acabara de enviar.

Aí, eu me toquei. O que para mim fora uma tarefa, para ele era um ritual.

Eu cumpria um dever. Ele saboreava o momento...

Não resisti e disse:

– Tokuda, perto de você eu pareço um elefante!

Acho que ele sorriu. Num episódio tão curto, uma demonstração inesquecível da arte de "estar presente".

Olhando para trás, penso que fui injusta com o elefante.

[74] Bacharel em Jornalismo, mestre em Rádio e TV e doutora em Meios de Comunicação Educativos. Aposentada da Telemar, ministra aulas para adolescentes em um projeto social, coordena um programa de cinema comentado e se dedica a plantas e animais.

Rosângela Teixeira de Matos[75]

Quero narrar um fato surpreendente:

Em setembro de 1976, minha irmã, cinco anos mais velha, teve uma grave crise psicológica e foi internada em um hospital psiquiátrico. Ela me contou, muitos anos depois, que ficou presa durante três dias num quartinho do hospital, onde havia somente um colchão de espuma imundo, colocado no chão, sem lençol, sem roupa de cama, e que lhe jogavam a comida em prato de lata pela greta da porta. Seu problema nos deixou muito apreensivos, angustiados, assustados, com medo. Eu tinha pavor de sofrer uma doença daquele tipo. O clima lá em casa era muito tenso e pesado. Algum tempo antes, ela havia sido diagnosticada como portadora de câncer na tireóide e que viveria, no máximo, dois meses. Esse problema afetou profundamente seu metabolismo. O mal-estar que nos rondava era imenso. Mamãe mal respirava e papai vivia tenso, silencioso, triste e nervoso.

Foi em setembro daquele ano, nesse contexto difícil, que conheci pessoalmente Mestre Tokuda, na Síntese, um espaço situado na Savassi, em Belo Horizonte, criado por Pierre Weil e pela professora de Yoga Maria José Marinho, destinado para eventos ligados à psicologia e à espiritualidade. Fui a convite de minha professora de Yoga, a Zlática. Mestre Tokuda, naquela época, não falava português, apenas misturava inglês com japonês. Foi, então, com grande dificuldade que lhe falei a respeito do problema da minha irmã.

---

[75] Graduada em Engenharia Química, pela UFMG; mestranda na área de Saneamento, Meio Ambiente e Recursos Hídricos, no Departamento de Engenharia Sanitária e Ambiental (DESA), da Escola de Engenharia da UFMG; cursando MBA em Perícia, Auditoria e Gestão Ambiental no Instituto de Pós-Graduação das Faculdades Oswaldo Cruz; atualmente exercendo atividades como Perita Oficial da Justiça Federal e participando de projetos de pesquisa e desenvolvimento no CETEC.

Pessoa simples, ofereceu-se a ir à minha casa para nos ajudar. Era acessível e sensível ao nosso sofrimento familiar. Chegou acompanhado do Paulo Melo[76], conhecido como Tainha, seu discípulo e tradutor. Meus pais e irmãos o acharam estranho, com aquela roupa preta, a cabeça raspada, e sem falar português direito. Desconfiaram um pouco daquela figura peculiar, mas, como estavam sob enorme pressão, decidiram aceitar o tratamento indicado por ele.

Apesar da inicial resistência e relutância da família, principalmente por parte de minha mãe, de formação católica, com o passar do tempo Mestre Tokuda foi ganhando cada vez mais a confiança de todos. Minha irmã não dormia há vários dias e não deixava ninguém dormir. Mestre Tokuda me lembrou os ensinamentos de uma história Zen, na qual um discípulo perguntou ao Mestre sobre seus pensamentos. O Mestre respondeu: "De hoje até amanhã, você não vai pensar em macacos". O discípulo não se preocupou. Apenas refletiu: "Nunca pensei em macacos. Logo, isso não vai ser difícil". Bem cedo, na manhã seguinte, o discípulo procurou o Mestre e, desculpando-se, disse: "Não consegui dormir e não pensei em outra coisa senão em macacos!" O Mestre respondeu: "Está bem. De hoje até amanhã, você só vai pensar em macacos". O discípulo dormiu bem naquela noite. No dia seguinte, procurou o Mestre para se desculpar por não ter conseguido pensar em macacos. O Mestre Tokuda, nessa linha, falou para todos ouvirem: "Esta noite ninguém vai dormir nesta casa!". Ao ouvir isso, minha irmã sentiu-se tão relaxada que em pouco tempo adormeceu. A partir desse episódio, meus pais aceitaram integralmente o seu tratamento, e sua sabedoria surpreendeu a todos nós.

Ele morava, naquela época, no Mosteiro Zen Morro da Vargem, em Ibiraçu, no Espírito Santo, juntamente com os

[76] Nome de ordenação: Paulo Gain, ordenado por Shingu Sokan em São Paulo em 1976.

Monges Aníbal Freire[77], Cristiano Bitti[78] e Tainha. E foi assim que Mestre Tokuda generosamente atendeu uma de suas primeiras clientes em Belo Horizonte. Vinha de Ibiraçu para atendê-la, fazendo um trabalho com Kampoh (chás), acupuntura e shiatsu (massagem).

Minha irmã não morreu de câncer, como os médicos haviam previsto, e ainda ficou bastante tempo sem adoecer psicologicamente. Ele atendeu também papai, mamãe, dois tios e outros três irmãos ao longo dos anos que esteve no Brasil.

Mestre Tokuda ganhou minha confiança desde o início. Ainda adolescente, eu via na figura daquele homem mais velho, de outro país, de outra cultura, o Mestre que me transmitia segurança para dar saltos ao desconhecido, abraçando experiências novas. Participou da construção da história de minha vida. Contribuiu para despertar em mim o desejo de praticar Zazen. Suas orientações, suas atitudes e o seu silêncio influenciaram minha maneira de viver. Existiram momentos fortes e significativos, impossíveis de descrever, que transformaram a minha vida. Nas "noites escuras de minha alma", foram as suas palavras, mesmo quando fisicamente distante, e o Zazen que nortearam meu caminho pelo desconhecido. O meu apreço por ele só aumentou com o tempo.

Fui me envolvendo com os ensinamentos e as práticas do Zen. Lembro-me, por aquela época, de nossas idas, Mestre Tokuda, Tainha e eu à casa de Edson Moreira, dono da Livraria Itatiaia. Iniciamos a Sangha Zen de Belo Horizonte por volta de 1976: Marlene Thimotti, professora de Biologia no ICB, eu, na época estudante do ICEX, e Luiz Orlando Ladeira, professor de Física da UFMG. Esse último foi quem mais tarde, juntamente com sua esposa Neusa, doaria o terreno para a futura constru-

---

[77] Nome de monge: Aníbal Jippo, ordenado por Shingu Sokan, São Paulo, em 1976.

[78] Nome de monge: Daiju San

ção do Mosteiro Zen Serra do Trovão de Lavras Novas.

Esse grupo se reuniu inicialmente na Academia de Yoga de Maria José Marinho na Rua dos Carijós. Em seguida, mudamos para a casa de Roberto Leste, na Rua Tomé de Souza, quando passamos a contar com a presença de Luiz Garrocho, Sinval, Rodrigo Leste e Fernando Varella. Fernando, que tinha uma indústria de confecções, presenteou-nos com os nossos primeiros zafus. Lembro-me também de Kleber e de Ana Maria Campos. Vinício Godoy, de Ouro Preto, também foi um dos primeiros praticantes, como também José Gil, que conheci, em 1978, no Mosteiro de Ibiraçu. Posteriormente, utilizamos uma sala da Clínica de Terapias Alternativas para praticar Zazen na Rua dos Inconfidentes. Penso que naquela época o Emerson de Godoi, o Guili Seara e o Régis Coelho começaram a participar também do grupo (1978/1979). Pouco tempo depois o José Costa[79], a Mariângela Maia[80], o José Almir, a Dôra Bragança, o Dudu arquiteto (Eduardo Tagliaferri) e a Márcia Mansur juntaram-se ao grupo. O Dudu participaria dos projetos arquitetônicos do Templo Zen Pico de Raios de Ouro Preto e do Plano Diretor do Mosteiro Zen Várzea do Lobo, em Pirenópolis-GO. Em torno de 1978/1979 a Magda Simões[81] apareceu pela primeira vez para uma sessão de Zazen, na Climed, Av. Bandeirantes, em uma sala do consultório do Régis. Em seguida, participou conosco de um Sesshin em Ibiraçu. Lembro-me também do Eduardo Fajardo. Já fizemos Zazen na casa de Dona Marita (Auxiliadora Lanna), na Rua Sergipe, onde realizávamos sessões de meditação. O Carlos Alberto Corrêa Salles fre-

---

[79] O José Costa Mokugen mora hoje no Japão, foi ordenado pelo Tokuda Sensei em 1990, juntamente com o Rick Dokyu em Ouro Preto.

[80] Mariângela Maia (Mariângela Rei ho Ryosen) foi ordenada pelo Tokuda Sensei em março de 1998, juntamente com o Sérgio Seiho Ryosui, o Tabajara Byokoho Shokan e a Lenita Guenpo Esho em Lavras Novas.

[81] Magda Simões (Magda Jakuho Gyoku En) foi ordenada em 1996, em Ouro Preto, juntamente com a Ivone de Melo (Ivone Genpo Jisho).

quentou a casa em 1981. A professora de Hatha Yoga e Arteterapia Marília Paletta também participava daquelas sessões. Ela ofereceu o Recanto da Rosa de Luz, Rua Prof. Otávio Magalhães, 100, para festas de lua cheia de Vessaka, cursos de medicina chinesa e palestras de cunho filosófico, ministrados pelo Mestre Tokuda, batizados, cerimônias, recitações de Sutras e ordenação de Monges[82]. A partir daí, o número de pessoas aumentou muito, e o Zendô passou a funcionar no Instituto Vitória-Régia na Rua Itapema, 19, bairro Anchieta. Lá moraram: Mestre Tokuda, Marcos Beltrão[83], Vinícius, Magda Simões e José Gil. Em 1979, o Élcio Lucas passou a frequentar o Zazen da Rua Itapema. Vieram sentar em Zazen conosco também a Letícia e o Clayton. A Silvana Félix chegou em 1981 no Zendô da Rua Itapema, fez discipulado com o Mestre Tokuda em Medicina Chinesa, morou também lá e era quem preparava os chás do Kampoh. Iniciamos essa prática também na Rua Andaluzita, no bairro Carmo Sion. Mais tarde praticamos no bairro Santo Antônio, na Rua Mangabeiras, 37, e na casa dos Monges Napoleão e da Patrícia, na Rua Mármore, 386, no Santa Teresa. Em 1982, 1983 fizemos alguns Sesshins, em Ouro Preto, na casa de Dona Domitila do Amaral. Em 1983 o Fernando Guedes iniciou sua prática de Zazen. No final de 1983, Francisco Gonzalez juntou-se à Sangha. Lembro-me também do Kako (Carlos Eduardo) e do Rogério Franco em alguns momentos na Sangha. Em 1998, o Rogério Baeta passou a frequentar o Zendô da casa do Napô. Depois de a prática ter passado por alguns outros lugares, membros da Sangha começaram a se reunir na Rua Santa Rita Durão, 321, na Savassi, em 1999, com Simone

---

[82] Foram ordenados pelo Tokuda Sensei: Napoleão Xavier (Napoleão Yuho Ryokei), a Patrícia (Patrícia Seiho), o Robin (Robin Togen) e o Flávio (Flávio Jikishin), no ano de 1992, em Belo Horizonte.

[83] Marcos Beltrão (Marcos Muho Ryokyu) foi ordenado pelo Tokuda Sensei, em 1986, na Rua Itapema em Belo Horizonte.

Caldellas[84]; continuando a funcionar também na casa do Napô (Monge Napoleão). Cerca de três anos depois, ocorreram práticas de Zazen, com a Monja Simone, na Rua Herculano de Freitas, 58, no Gutierrez. Depois a Monja Simone mudou para a Rua Samuel Pereira, 230 no bairro Anchieta. Atualmente, também se pratica o Zazen no Instituto Lam-Rim, com o Monge Gustavo Cândido[85].

No Rio de Janeiro, no início, participavam da Sangha Odete Lara, com quem frequentei Sesshins no Mosteiro de Ibiraçu, no Espírito Santo e em Nova Friburgo, Marcos Beltrão, Afonso Domingues e Dalton Lopes, entre outros.

Em São Paulo, havia Rita Böhm, Antônio e outros, cujos nomes me escapam no momento.

Desde 1976, venho participando de vários Sesshins, inclusive dirigidos pelo Mestre Tokuda. Naquela época, como não havia acesso para veículos ao Mosteiro Zen Morro da Vargem, fazíamos essa caminhada, de uns 8 km de subida, a pé, e isso depois da viagem Belo Horizonte/Vitória/Ibiraçu.

Lembro-me de um Sesshin num clube inglês abandonado em Teresópolis. Estavam lá, entre outros, Odete Lara, Miguel[86], Mestre Tokuda, Dôra Bragança e Dudu (Eduardo Tagliaferri). Foi um Sesshin memorável. O som da cachoeira, que era diferente à noite ou pela manhã, ora atrapalhava ora ajudava o Zazen.... A cachoeira entrando dentro do Zendô... Os Teishôs incríveis do Mestre Tokuda... E as visitas à casa do Tio Armando... Tudo foi muito especial. Boas lembranças!

No final dos anos 70, início dos anos 80, Aníbal Freire,

---

[84] Simone Caldellas (Simone Jynpo Keisen) foi ordenada pelo Tokuda Sensei, em 1999, em Lavras Novas, juntamente com Walter Dokuho Ryodo, Janderson Doko, Reginaldo Teixeira Coelho e Elizabeth Clark Kuhei. Simone chegou à Sangha uns dez anos antes.

[85] Gustavo Cândido (Gustavo Mokusen) foi ordenado no Japão, em 2004, pelo brasileiro José Costa Mokugen.

[86] Miguel Ippo foi ordenado pelo Shingu Sokan em 1978 em São Paulo.

Cristiano Bitti, Vinícius e eu estivemos em Ouro Preto para escolher o terreno onde atualmente funciona o Templo Zen Pico de Raios no Morro de São Sebastião.

Tive a felicidade de vivenciar significativas e inesquecíveis experiências com a pessoa e o Mestre Tokuda, como na viagem de um mês, em janeiro de 1982 à fazenda de Camacã, na Bahia, doada ao grupo do Zen, juntamente com o Marcos Beltrão, o Régis Coelho e a Márcia Mansur. E na viagem à Argentina, na qual fomos de ônibus em 1984, para incentivarmos a prática de Zazen em Buenos Aires, juntamente com o Marcos Beltrão, o Gugu, a Nicole Mir e o Régis Coelho. Ficamos hospedados em uma enorme casa denominada "Banco de Conhecimentos para a Era de Aquarius", em cujo espaço já havia funcionado um cabaré chamado "Boteca Del Angelo". O Sesshin também ocorreu naquele pitoresco lugar. Foi naquele Sesshin que o Mestre Tokuda conheceria a Graciela[87], sua futura esposa argentina e mãe de seu filho.

Dentre essas e muitas outras histórias, ficam o exemplo e a lição daquele que segue o verdadeiro caminho do Zen. O amigo e Mestre Tokuda é fonte de água pura, incentivo e inspiração para continuarmos envolvidos com o universo e os ensinamentos do Zen.

---

[87] Graciela Myoho Tenshin foi ordenada pelo Tokuda Sensei, em 1986, em Belo Horizonte, juntamente com Marcos Beltrão.

Sergio Olaya (Seiho Ryosui)[88]

Eu, Marcos Beltrão Frederico, Adriano Sampaio e Mestre Tokuda estávamos em um restaurante em Angra dos Reis ou Paraty, não me lembro muito bem, procurando um local para instalação de um SPA e um Mosteiro Zen, também não lembro muito bem, mas ao sairmos de um restaurante, já no carro, Mestre Tokuda se dá conta que havia esquecido sua máquina fotográfica em cima da mesa. Eu, que estava dirigindo, dei meia-volta e retornamos ao restaurante, e graças a Deus a máquina ainda estava lá.

De volta ao carro, Mestre Tokuda contava que sua esposa sempre dizia que, sendo um Mestre Zen, como ele podia esquecer tanto as coisas assim, parece que passaporte ele já perdeu alguns, mas também não ao sei certo. Mas voltando ao nosso caso, ele contava sobre esse episódio com aquele tom alegre que lhe é particular, mas me lembro como se fosse hoje ainda, quando ele mencionou que esquecer as coisas no restaurante era fácil, difícil mesmo era esquecer a iluminação, e deu uma gargalhada que ainda ecoa dentro de mim, ainda mastigo essa história com a sabor de um prato de comida depois de passar fome por duas vidas.

[88] Sérgio Seiho Ryosui. Monge ordenado por Tokuda Sensei em 1998 em Lavras Novas-MG.

Silvana Félix de Assis[89]

Não há como dar um depoimento sobre o Monge Tokuda San sem situá-lo em minha senda!

Conheci-o em 1981. Estudava biologia e desenvolvia um projeto sobre plantas medicinais. Estávamos já ligados por um interesse comum: conhecer mais a rica flora brasileira. Ele, especificamente, desejava aplicá-la em sua clínica de acupuntura e Kampoh. (O Kampoh utiliza fórmulas patenteadas dentro de um contexto de combinação de ervas, característico da farmacologia chinesa, e seu foco era descobrir similaridades delas com ervas nacionais).

Nesse mesmo dia conheci a meditação Zazen. Atenta e curiosa, escutei uma palestra do Monge sobre um texto clássico do Mestre Dogen e fiquei muito tocada. Sem hesitar, tornei-me sua aluna de acupuntura e Kampoh e praticante de Zen.

Passei a morar na comunidade e assumi os cuidados de preparação de várias fórmulas que Tokuda criava, utilizando ervas brasileiras, como o consagrado Syo Saiko To. Também aprendemos cardápios preciosos da culinária Shojin e Yakuzen, que eram verdadeiros banquetes, degustados nas festas da Vesaka e Ano Novo especialmente.

Foram sete anos de muita aprendizagem, práticas e uma convivência intensa com uma Sangha muito legal, que gravitava em torno do carismático Monge entre Belo Horizonte e Ouro Preto, na época um forte centro de referência do Zen no Brasil.

Foi um privilégio incomparável, acompanhar os passos da construção do Mosteiro Pico de Raios desde o primeiro acam-

[89] Silvana. Bióloga, especializada em botânica aplicada em farmácia. Acupunturista e shiatsu terapeuta e fitoterapeuta chinesa. Esperiência somática e Reiki. Ordenada Leiga pelo Mestre Tokuda em 2008.

pamento, ter acesso a esse tesouro do Dharma e tornar-me terapeuta graduada pela escola e ética do Monge Tokuda!

E, muito mais que isso, uma bênção aprender com a sua simples maneira de ser que o dinheiro deve decorrer de um trabalho dedicado. Partilhar do seu bom humor, criatividade e de sua flexibilidade em todos os campos. Testemunhá-lo rompendo padrões, aceitando o alimento que lhe ofereciam, desfrutando da abundância ou da escassez com a mesma leveza. E partilhar do seu silêncio, que se expandia e tomava a todos, com a qualidade da sua presença. Que maravilha!

Já são vinte e sete anos nesta caminhada e continuo, com muita satisfação, a me dedicar ao trabalho com acupuntura, shiatsu e fitoterapia, a buscar e encontrar refúgio e entendimento nos ensinamentos Búdicos, a encontrar velhos amigos queridos, com quem juntos, compartilhamos dos ensinamentos do Mestre de que tanto nos orgulhamos e reverenciamos: Ryotan Tokuda.

Gasshô!

Simone Keisen Queiroz[90]

Era uma tarde de domingo.

Entrei na cozinha do Templo. Ele estava em silêncio, cortando alguns legumes, um tecido branco leve amarrado à cabeça...

Preparava a ceia da passagem daquele ano. Sorriu pra mim e era como uma criança, alegre e espontânea.

Ele me perguntou o meu nome: "Nunca vou esquecer, Simone, pois é o mesmo nome da primeira mulher que me ajudou, quando cheguei ao Brasil".

Nunca mais serei a mesma, senti.

Naquele instante, tive uma certeza ... Ganhei um Mestre.

Era um dia definitivo quando disse a minha mãe: serei Monja.

"Só depois que eu morrer", ela me respondeu, como quem sabe. E não como quem ameaça. Exatos nove meses antes da minha ordenação, ela foi-se embora desta vida. Como quem escolhe. E não como quem desiste. Perdi minha origem... ganhei um destino.

Monge Tokuda, três perdas para lhe alcançar e três vezes me despi do que pensei serem minhas raízes: a perda do meu casamento, a morte da minha estimada professora de ioga que havia me conduzido para o Zen, e, finalmente, a perda da minha querida amiga e companheira, minha mãe. E depois, só depois, descobri serem caminhos necessários para me conduzir à sua porta.

Tokuda Sensei, minha profunda gratidão por sua existência, sua prática, seus ensinamentos, seu sorriso, sua alegria, sua paciência, nossas viagens... nossa convivência... meu Caminho.

Gasshô.

---

[90] Monja Zen Budista, formada massoterapeuta e em Decoração de Interiores pela Fundação Universidade Mineira de Artes.

Sizenando Mota[91]

Toda a minha experiência foi ótima, né, Tokuda passou por aqui, deixou muitas amizades, certo?... ajudou muita gente, inclusive eu, quando sofri o derrame, fui ajudado tanto por ele como pela equipe organizada por ele. Devo muita obrigação ao Tokuda San, aprendi muita coisa com ele, certo?... inclusive, aprendi um pouco saber o que é o amor, que é uma coisa que ele... exigia amor, exigia ninguém prejudicar ninguém, procurar sempre fazer o bem... entendeu?

É uma pessoa a quem só posso agradecer, só posso dizer que, onde ele estiver, eu desejo toda a felicidade do mundo para ele, se ele tem família, ele e a família dele, é o que eu queria dizer era isso.

Gostava muito de brincar, certo?... Para ele não tinha idade, qualquer pessoa para ele era um ser humano igual... igual a ele. Brincava, adorava... só tratava bem, nunca tratava ninguém mal. Nunca vi um homem tão... se tivesse de falar alguma coisa, falaria ocultamente, entendeu? É outra coisa.

O que posso dizer era isso. Trabalhei muito tempo com eles, quando eles acampavam aqui em baixo, depois que fizeram lá o Mosteiro [Pico de Raios], foi inaugurado... acho que em 84... 83 ou 84, por aí... trabalhei na construção, colocando telhado, colocando janelas, portas... depois trabalhei muito lá no pomar, cuidando de pomar, cuidando de horta, mexendo com o miocário... isto é o que eu posso dizer... Sinto... muita falta dele... Desejaria estar sempre ao lado dele...

É isto.[92]

---

[91] Morador vizinho do Templo Zen Pico de Raios, em Ouro Preto-MG. Durante anos, dedicou muito de seu tempo no auxílio aos trabalhos demandados pela Sangha.

[92] Este depoimento foi gravado em sua residência, no morro de São Sebastião, em 19 de março de 2008.

Tabajara Byaku Ho Shokan[93]

Em 1994, no Templo Zen Budista Pico de Raios, em um Sesshin conhecemos o Monge Tokuda San. Sentíamos muitas dores nas pernas, articulações dos joelhos. Ele falava: não ligue para as dores. Treine, treine, treine. Elas desaparecerão. É o reflexo de sua mente passada.

Estávamos no Mosteiro treinando e por aqui permanecemos por um bom tempo. Cumpríamos as temporadas de Angô. No Mosteiro evoluímos a atividade do artesanato [em pedra]. Paulo Melo, o Gain San, que nos incentivou muito.

O Paulo tinha nos encaminhado para ver alguma coisa de escultura lá na Fundação de Artes de Ouro Preto, na FAOP, e o Monge Tokuda, numa de suas vindas do Japão, eu mostrei para ele uma escultura que eu tinha feito, dois pés, os pés de Buda, ele ficou, de uma certa forma, me demonstrou que ele ficou encantado com aquilo: "moço, mas que bonito, são os pés, os pés de Buda", aí ele falou, "Tabajara, continue, continue, pode continuar a preparar estas esculturas". Então continuamos a fazer, seguimos a orientação do Monge Tokuda, ele achou que estava ótimo. De uma certa forma, nós até hoje trabalhamos com artesanato e preparando algumas esculturas, esculturas Budistas.

Gasshô.

[93] Tabajara dos Santos Ferreira. Nome de ordenação: Byaku Ho Shokan. Significado: iluminado da Serra do Trovão. Escultor de temática Budista, Tabajara mantém atelier em Cachoeira do Campo-MG. www.lanternadepedra.com.br

Tânia Quaresma Junko[94]

Ordinário/Extraordinário

Em uma sessão de terapia de grupo com pessoas já dedicadas ao autoconhecimento havia muitos anos, fiquei sabendo que um Mestre Zen estava em Brasília e iria conduzir um Sesshin. Dizia-se que era um iluminado, e que valia realmente conhecê-lo.

Doro, nosso terapeuta, nos incentivou a participar e fomos, quinze pessoas, passar um final de semana fazendo Zazen (meditação sentada Zen) com o Monge Tokuda.

O encontro com Tokuda foi forte e decisivo em minha vida. Logo no primeiro Zazen, fui tomada por uma tempestade de imagens e emoções que dispararam lembranças antigas com as quais vinha trabalhando nas sessões terapêuticas num nível mais racional, sem nunca ter sido realmente agarrada por elas. A imobilidade do Zazen e o campo de energia criado ali sacudiram meus alicerces de racionalidade e me atiraram no campo turbulento das emoções primárias. Cenas de infância desfilaram na parede branca e o universo que construí para me "defender" ruiu espalhafatosamente. Meu namorado da época também participava do Sesshin e encontrou ali uma "ex". Ela tinha o mesmo nome de minha irmã, que nasceu para interferir no meu reinado de sete anos como filha única. O nome soou como um gongo e me atirou em um acesso de ciúmes irracional e borbulhante. Tive que me levantar e sair para o estacionamento, chutando para-choques de carros. Mas voltei e consegui ficar até o final do retiro.

Depois do último Zazen, Tokuda pediu que cada um falasse alguma coisa sobre a experiência. Caí em prantos. Estava com

[94] Cineasta. Monja ordenada pelo Mestre Tokuda.

uma sensação de pós-parto. Só consegui dizer que tinha encontrado o caminho de casa e que queria ir para o Mosteiro aprofundar o treinamento.

Mas o vendaval interno continuou.

Já no hotel com o namorado, não conseguia reencontrar o eixo. Estava muito mexida, e o maremoto emocional continuava atuando. Não preguei o olho toda a noite e, de repente, senti uma forte cólica. Fui ao banheiro e expeli uma "coisa" branca de um metro de comprimento! Fiquei tão espantada que recolhi a figura em um saco plástico e corri para minha médica, que também havia participado do Sesshin.

Depois de folhear um livro, ela encontrou a imagem da "coisa" e, resumindo, explicou que era uma tênia, ou solitária, já adulta, e que devia estar vivendo em mim havia anos. Disse também que, como a energia do Zazen havia sutilizado a "minha" energia, a tênia se sentiu desconfortável e teve que abandonar a hospedeira.

Tudo aquilo foi tão forte que, pouco tempo depois, me vi subindo o morro de São Sebastião, em Ouro Preto, onde fica o Mosteiro Zen Pico de Raios, para mais um Sesshin. Isso aconteceu em 1992 e, desde então, pratico sob a orientação do Mestre Tokuda.

Um dia ele me chamou à porta do Zendô e mostrou, com um sorriso de menino, minhas sandálias havaianas que eu havia deixado de qualquer jeito ali, enquanto as dele repousavam cuidadosamente alinhadas, à espera dos pés atenciosos... "Essa é a diferença entre nós", ele disse.

Nunca mais deixei de alinhar minhas sandálias.

Hoje, já ordenada Monja pelo Mestre Tokuda, percebo que vivia buscando o extraordinário, e que ele, com perfeita paciência, me ensinou que o ordinário é extraordinário.

Gratidão eterna.

Fazenda Santharém, 5 de janeiro de 2008

Terezinha Shin Etsu[95]

Em 2003, estava Mestre Tokuda na minha casa, uma época que ele passou uma temporada maior em Goiânia. Pois bem, eu estava no mais alto grau de stress, com os quatro pneus arriados. Um dia, acordei e preparei o café. Embaixo do quarto onde ele dormia, morava eu no 4º andar, tinha uma escolinha para crianças de jardim, e as tais crianças todos os dias, antes do início das aulas, cantavam no pátio da escola, e neste dia imaginei que não ia dar conta de cumprir as tarefas do dia e, para minha surpresa, Mestre Tokuda saiu do quarto cantarolando a música das crianças, com a mãos para cima, girando o corpo em roda, em que o "som" era assim: lêlêlê lê lêlêlê lê lêlêlêlê lê lê lê lê lêlê...

Estava eu, Mestre Tokuda e Marcelo indo para Pirenópolis, sem saber no que ia dar sobre a compra de Eisho-Ji, até então sem perspectivas claras.

Estava muito cedo, antes das 07 da manhã e quase chegando a Pirenópolis eu olhei para o céu e apareceu um movimento diferente que dava uma impressão forte de algo acontecendo no céu, inclusive a cor era diferente. Não comentei nada, e nesse exato momento Mestre Tokuda me disse: "Você está vendo o que estou vendo?". Nesse dia às 23 horas fechamos a compra de Eisho-ji.

É muita emoção e, enquanto escrevo, me vêm lágrimas.

Obrigada, querido Mestre.

[95] Terezinha Montrezol Teixeira. Psicóloga. Acupunturista formada pelo Mestre Ryotan Tokuda. Monja ordenada pelo Mestre Ryotan Tokuda.

Tsuioshi Yamada (Taijun Jundo)[96]

Não lembro a data exata quando tive o privilégio de conhecer o Mestre Tokuda (Tokuda Sensei), penso que foi no final da década de 60 ou no início da de 70. Ryohan Shingu era o superior do templo da Rua São Joaquim e Tokuda Sensei havia chegado do Japão para ajudá-lo nos afazeres do templo. Como agrônomo, trabalhava numa empresa de defensivos, viajava muito pelo país, mas quando tinha tempo disponível passava no templo em São Paulo para fazer Zazen.

Na ocasião havia uma turma muito unida que, além do Zen, praticava também Aikidô. Foi uma época de muita união e de entusiasmo, principalmente pela mística que havia em torno desta prática Budista. Fizemos muitos Sesshins com o grupo. Fui também ordenado Monge Budista por Ryohan Shingu Sensei, com o nome de Taijun Jundo.

Das lembranças que tenho da época, a que mais me marcou foi a resposta do Mestre Tokuda à pergunta: "que você faria se soubesse que tem apenas poucas horas a mais para viver?" Ele disse simplesmente: "faria Zazen!"

Aprendi naquele momento algo que nunca mais esqueci, que Zazen é prática soberana. Sou, pois, extremamente grato ao Mestre Tokuda, por ter-me dado esta convicção, que mudou o destino de minha vida.

---

96 Engenheiro Agrônomo, proprietário da AgriNatura Consultoria Agronômica (Piracicaba-SP, Brasil). Ordenado Monge Zen por Ryohan Shingu Sensei em São Paulo-SP.

Valéria Sattamini[97]

Estávamos aqui em casa, eu, Monja Telma, Maddi e minha mãe Maria José (prestando uma assistência técnica para garantir o bom funcionamento de sua rebelde máquina de costura), meu cachorro Luck e minha gata Nikita. Era o último dia da nossa 'oficina de costura Zen', ideia da Monja Telma, terminando nossos Kesas. Eu tinha sugerido que fizéssemos uma pequena confraternização entre nós, um lanchinho, cada um trazendo algo, para simbolicamente selarmos o término dessa etapa de nossa ordenação.

Monja Telma disse que o Monge Alcio passaria aqui no final para aprovar os Kesas, ver se estava tudo direitinho etc. Aceleramos o ritmo pra terminar tudo antes que ele chegasse. A casa era pano pra tudo quanto é lado, a máquina na sala, muita linha espalhada pelo chão (Nikita e Luck adorando a bagunça). De repente toca a campainha. Monja Telma com aquele sorrisinho mineiro maroto e eu nem desconfiei de nada.

Abro a porta e quem estava na frente da comitiva? Mestre Tokuda! Nossa, foi muita emoção, fiquei tão nervosa que não sabia o que fazer, então fiz gasshô, eu nem sabia se estava fazendo direito! Ele retribuiu e deu um enorme sorriso, Monge Alcio e Monge Marcos nos apresentaram, ele apertou minha mão e foi logo entrando no meio daquela bagunça!

Todos se sentaram e eu fui improvisar um lanche pra servir, na tentativa de me aquietar internamente, tamanha era a minha emoção. Aos pouquinhos, ainda na cozinha, fui ficando à vontade, tranquila, mente, energia e corpo começaram a sere-

[97] Cantora e compositora profissional com várias apresentações e alguns cds lançados no Brasil, Japão e países da Europa. Ordenada leiga pelo Mestre Tokuda em julho de 2008 no Mosteiro Eisho-Ji, Pirenópolis-GO, com o nome Gyokuhô Seiin.

nar. Levei o lanche para a sala onde todos conversavam alegremente.

Monge Marcos e Monge Alcio pareciam dois colegas de escola brincando no recreio (me emocionei ao vê-los tão felizes na presença de seu querido professor). Entrei na brincadeira também! A conversa não tinha nada de formal, mas as palavras mais corriqueiras eram absolutamente corretas, sagradas, 'muito além das palavras'.

Em dado momento sentei-me ao lado dele que me mostrou as fotos de Eitai-Ji na sua câmera. Nessa hora ele também parecia um menino no recreio da escola, mostrando a sua coleção de figurinhas aos colegas.

Monja Telma continuou fazendo o dever de casa (estava terminando sua costura à mão), aluna aplicada que é, mas eu percebia seu sorriso discreto e silencioso, entrando junto naquela brincadeira! Bem quietinha, sem ninguém perceber, ela filmou alguns momentos com a câmera de seu celular. Descontração Plena! Esse era o clima!

No dia seguinte, pela manhã, quando fui regar minhas plantas, notei que surgiam os primeiros botões de minhas orquídeas (um pouco antecipados, pois deveriam surgir somente em setembro, um ano depois da última floração). Lá em Eisho-Ji, fiquei sabendo da paixão de Mestre Tokuda pelas orquídeas, mas só descobri que minhas orquídeas tinham se apaixonado por Mestre Tokuda quando voltei de Pirenópolis e elas estavam completamente abertas, radiantes e serenas! Me disseram que a floração duraria uns três meses, mas elas estão lindas até agora!

E foi assim que vi A Flor do Dharma fazer desabrochar as Flores do Dharma... Gasshô!

Vânia Amaral[98]

Sobre o meu encontro com Monge Tokuda

Encontrava-me inquieta, o curso que fazia na faculdade, meu trabalho e a cidade em que vivia, nada daquilo me satisfazia mais, parti então em busca de um autoconhecimento e de um saber que não tinha ainda como definido, mas que apenas fosse parte do meu caminho.

Nesse momento de vida fui convidada por um amigo que já havia morado no Centro Zen em BH a conhecer o Centro Zen em Ouro Preto no morro de São Sebastião, que se iniciava.

Era fevereiro de 1984, numa noite de lua cheia, e me deitei numa rede na varanda da casinha onde se localizava o centro; era tudo muito simples e ao mesmo tempo muito chique, a comida na sua simplicidade era maravilhosa. Conheci também um sujeito que estava estudando a arte da caligrafia e o sumi-ê. Queria aprender tudo aquilo, era o início de um novo despertar, o novo sentido que eu buscava para minha existência.

No ano seguinte me casei com esse artista e nos mudamos para Ouro Preto. Fomos viver próximo ao templo. Era tudo muito rústico naquela época, havíamos feito uma mudança radical em nossas vidas, trabalho, estudos, moradia etc. Convivíamos com as pessoas que moravam no templo nessa época e a nossa diversão era cozinhar; foi assim que comecei a ser introduzida na Culinária Shojin e no Yakuzen e a encontrar o luxo no simples. Essa era a minha arte e esse era o meu objetivo. Tinha uma habilidade natural para aquilo, parecia que algo me favorecia para aqueles conhecimentos.

Juntamente com meus estudos em culinária, dois anos de-

[98] Culinarista, chef consultora e dietoterapeuta. trabalha com culinária social (saúde pública, OP) etc. e é chef proprietária do Espaço Culinário Casa da Vânia, OP – Morro São Sebastião.

pois estava com um restaurante com a Monja Magda em Ouro Preto, seguindo esses conceitos. Foi um sucesso na época. Encontrei a minha profissão. Fui me aperfeiçoando e estudando. Mais tarde, lendo um livro sobre culinária Shojin fiquei sabendo que para se tornar um cozinheiro era necessário no mínimo seis anos de estudo/prática e 12 anos para se tornar um Mestre nessa arte, e também era necessário morar na montanha, ter um fogão a lenha e ouvir todos os dias o som do tambor do Mosteiro Zen; talvez esse tenha sido o meu facilitador.

Mas quem me permitiu esse despertar foi o Monge Tokuda (no estudo da medicina Búdica, optei pela dietética), que com sua grande generosidade me permitiu desvendar um estudo que talvez para alguns permanecesse como algo secreto, inatingível e com ele tornou-se acessível e maravilhoso, pois ele era o Mestre e essa oportunidade era única e determinante, pois, como vim a saber, nesse conhecimento havia poucos no mundo.

Quando comecei a ir em busca das ervas em São Paulo tive certa dificuldade (embalagens sem o nome correto das ervas) e com os chineses que comercializavam essas ervas, que eram duros e não queriam conversa. Insisti e cheguei a passar dias nas lojas, juntamente com as amostras das ervas que Tokuda havia passado em cursos; começaram então a se juntar ao meu redor chineses para ouvir o que eu sabia sobre o uso culinário das ervas e eles não acreditavam como eu havia aprendido isso no Brasil, pois nem eles sabiam. Somente os mais velhos, e o que a mãe/avós fazia, eles tinham na lembrança, e ficavam muito emocionados, então chamavam os mais novos para ouvir.

Também mais tarde trabalhando com famosos *chefs*, diplomados por importantes escolas internacionais, pude observar que se mostravam surpresos diante desse saber, pois nunca d'antes haviam experimentado isso em nenhuma dessas escolas culinárias, nem na macrobiótica e nem mesmo na asiática, nem em outras. E como eu pude ter no tão querido Morro São Sebastião em Ouro Preto, imaginem, esse contato e aprendizado de tão grandioso valor com ser de tanta sabedoria e simplicidade?... Um Mestre!

Grata, gratíssima.

Gasshô.

Vinício Godoy[99]

"Pedra no fundo do rio"

Eu fazia escultura com o Amilcar de Castro na Fundação de Arte de Ouro Preto – FAOP, quando perguntei a ele a sua definição de arte. Amilcar disse-me que a arte é uma pedra no fundo do rio.

Dias depois, conversando com o Monge Tokuda no Mosteiro Pico de Raios, contei-lhe a definição de arte do Mestre Amilcar de Castro. O Tokuda concordou, mas acrescentou: "Tem de pegar a pedra no fundo do rio sem molhar as mãos!".

Ouro Preto, 19 de março de 2008.

[99] Trabalhou com restauração de obras de arte na década de 80 e hoje trabalha com pousadas em Ouro Preto e na Ilha de Marajó.

Vinicius Athayde Gonçalves[100]

Os três tesouros e a Medicina Budista

O Olhar Zen contempla uma realidade direta. A observação da natureza e a percepção do cotidiano são seus fortes alicerces. Um olhar que é mais uma pulsação de vida a ser reconhecida do que uma elaboração intelectual. Uma interação com a vida que nos conecta aos ciclos da natureza, às estações do ano e a todas as constantes mudanças do mundo. A percepção dessa impermanência traz uma diversidade do saber que, interagindo com as intempéries do momento, descreve sua própria estética e psicologia. Algo que, inserido no conhecimento médico, gera uma atmosfera única. Uma Arte.

Os fundamentos da medicina oriental que aprendi com Mestre Tokuda são tesouros para mim. São três os ensinamentos que me influenciaram definitivamente. O primeiro deles retrata o comprometimento com a vida descritos acima. Um profundo respeito pela natureza e pela adaptação do homem às suas constantes mudanças.

O segundo ensinamento diz respeito à sensibilidade e à compreensão. Algo que só podemos ter a dimensão se, ao vivo, intimamente, pudermos conviver com os movimentos do Mestre. Um exemplo simples é a maneira como suas mãos diagnosticam pelos olhos dos dedos. O "olho do dedo" diz respeito à arte de procurar e sentir a textura dos pontos de acupuntura. Ao verificar se os pontos do corpo estão doloridos, tensos, duros ou com uma sensação de vazio, podemos diagnosticar uma disfunção do corpo e da mente.

[100] Acupuntor. Participou da diretoria do Instituto Vitória Régia em meados dos anos 80 em Belo Horizonte (escola e clínica de medicina tradicional do oriente fundada pelo Mestre Tokuda).

Porém, o mais intenso e generoso dos ensinamentos do Mestre Tokuda é o terceiro, porque relaciona a virtude da compaixão com a ação e o pensamento médico. Esse é o verdadeiro tratamento de vida. Um segredo para harmonizar corpo e mente. Sua compreensão revela uma arte já extinta no mundo da medicina contemporânea. E é algo impressionante de se testemunhar pela sua eficácia.

Essa compaixão é uma potência de paz germinada na medicina Budista, pois interliga força de vida e meditação. A capacidade de ver o universo inteiro circunluminando numa respiração é sua luz de cura.

Aqui há uma escolha. Uma virtude. Pensamento, palavra e ação conrespirando o verdadeiro antídoto contra as tempestades da vida moderna. Eliminando os rancores arcaicos do medo, e seu império de inseguranças, que toda doença carrega. Trata-se do pensamento clínico enraizado na vida cotidiana, reconstruindo ecologia mental e saúde física.

Esses três ensinamentos, como tesouros, permeiam minha vida constantemente, conduzindo ao aprofundamento de minha percepção médica. Foi a honestidade do método de Tokuda, aliada a uma profunda intuição de que encontraria o verdadeiro saber médico, que me levou a Friburgo no Rio de Janeiro. Ali, tive a imensa felicidade de compartilhar com ele alguns projetos.

Algumas décadas se passaram e a natureza interior das palavras e atitudes de sabedoria do Mestre Tokuda ainda repercutem no meu dia a dia. Seu legado é a transmissão do selo original da linhagem dos ancestrais Búdicos. Saber e compaixão que se espalharam por um número impressionante de lugares, países e pessoas. O Brasil agradece.

Walter Ryodo[101]

Um leopardo na neblina

A minha vida, aos 39 anos de idade, desmoronara por completo, ou acreditava que havia sido completo o desmoronamento.

Foi quando em 1989, reencontrei a Magali Lobosco em Nova Friburgo. No final da jornada, a Magali receberia, para um jantar na sua casa, uma amiga acompanhada de um Mestre Zen japonês recém retornado da França, um Monge Zen e mais um amigo. Convidou-me para ajudá-la nos preparativos do jantar, pois intencionava oferecer uma refeição no melhor estilo macrô. Passamos o dia nos preparativos das comidas e à noitinha Magali arrumou a mesa. Estava tudo pronto e muito chique.

Por volta das oito da noite, chegaram os convidados. Fui apresentado a Odete Lara, ao Mestre Tokuda, ao Monge Marcos Ryokyu Beltrão e ao Joãozinho Bosco. Sem delongas, nos sentamos à mesa e servimos o jantar. Caí num silêncio estranho, não conseguia entabular nenhum tipo de conversação. Na verdade observava, melhor dizendo, absorvia com todos os meus sentidos a presença energética do Mestre Tokuda. Amistoso, leve, amável, com uma alegria descontraída e uma nobreza sóbria, elegante e mesmo dando sinais de algum cansaço, estava completamente presente. Iniciava-se, sem que soubesse, uma revolução definitiva na minha vida.

No dia seguinte, o Marcos retornava à casa da Magali para

---

[101] Waltel Wiedemann é engenheiro eletrônico. Participou de experiência comunitária na aldeia de Aratuba, Ilha de Itaparica-BA. Desde 1989 dedica-se ao Caminho Zen, sob orientação do Mestre Zen Ryotan Tokuda. Em 1999 recebe a ordenação de monge do Mestre Tokuda. Desde 1992 se estabelece em Brasília-DF onde trabalha com shiatsuterapia e conduz retiros Zen, além de proferir palestras com enfoque Zen Budista.

uma sessão de acupuntura. Pude assistir à sessão e, pelas tantas, perguntei ao Marcos onde poderia encontrar o lugar para estudar o Zen. Ele disse: "É muito fácil, vá a Ouro Preto, suba o Morro de São Sebastião e lá estará o Mosteiro. É só chegar, está aberto para quem estiver procurando, né?".

Alguns meses depois continuava atolado em sofrimentos, angústia, desespero, dor e depressão que o divã da psicanalista não conseguia mitigar. Decidi procurar o tal Mosteiro, Monge Tokuda não arredava pé do meu coração. Pus algumas roupas numa valise, coloquei no carro e parti para Ouro Preto. Era o dia 26 de agosto de 1989, marcado por um eclipse lunar total.

Cheguei à noite em Ouro Preto com o eclipse se completando, uma neblina descia sobre a cidade. Deviam ser umas onze horas e um boêmio retardatário me indicou a subida do Morro São Sebastião. Perguntei pelo Mosteiro, ele me informou que havia muitos Mosteiros na cidade, mas não conhecia nenhum no alto do Morro. Projetava na minha imaginação que deveria encontrar um monastério no estilo jesuítico barroco ou colonial. Subi a ladeira íngreme de um pouco mais de um quilômetro que levava ao topo e, lá chegando, a neblina se espessara tanto que não conseguia enxergar mais que uns pouquíssimos metros à frente e vários caminhos se ofereceram para mim.

Confiante na lógica da tentativa e erro segui cada um dos caminhos, esperando encontrar o monastério. Fui me perdendo na medida em que buscava. Não havia viv'alma para perguntar, aqui e acolá me deparava com um vulto de jegue ou ouvia uma badalada vinda do pescoço de algum animal. Por mais de uma hora fui me enredando pelos caminhos na cegueira produzida pela neblina e pela minha própria ignorância. A certa altura do meu descaminho, praticamente guiado pelo "acaso" retornei à pracinha central, ponto de partida.

A cerração dissipara-se um pouco, o luar se refazia e a gasolina estava no final. Vislumbrei uma ladeira, subi uns metros, estacionei numa entrada um pouco mais larga e enquanto ajeitava um lugar no carro para descansar, ouvi sonoras gargalhadas rasgando a noite. Aguardei cauteloso junto ao carro para ver quem se aproximava. Dois homens desciam à ladeira em animada conversa. Tomei coragem e os indaguei pelo Mosteiro Zen. Novamente romperam em gargalhadas e desta vez tive a incômoda sensação de que zombavam de mim. Já um tanto cansado e impaciente perguntei qual era a graça, explicaram-me entre risos que eu havia estacionado na frente do Mosteiro.

Recebi ali, antecipadamente, o que o Mestre Tokuda nos transmitiria nos seus ensinamentos do Dharma, apresentando-nos ao Mestre Dogen: "Aprender o Caminho é aprender sobre si mesmo. Aprender sobre si mesmo é esquecer a si mesmo..." Eu não havia esquecido a mim mesmo e, sim, havia me perdido.

Voltando-me para a entrada, desci a pé por um caminho escorregadio precariamente iluminado. Cheguei a uma casa branca, de janelas azuis com uma varanda frontal, do início do século 20. Fui recebido pelo Monge Aníbal Ji Po que me contou que se iniciaria um Angô (retiro de 90 dias) nos próximos dias. O Mestre Tokuda estava para chegar ao Mosteiro e, então, começaria o Sesshin (retiro de sete dias) do Angô. Alojou-me numa casa próxima para pernoitar e poderia decidir no dia seguinte se ficaria para o Angô ou não. Fiquei pelos noventa dias.

Tokuda Sensei, como um verdadeiro Mestre Zen, com a sua energia cria as oportunidades para que façamos o nosso próprio trabalho e promove as melhores condições possíveis para exercitarmos as nossas buscas. Para os que se devotam ao Caminho e precisam de meios para sobreviver, funda Mosteiros no Brasil e na França, ensina a Medicina Tradicional Chinesa (MTC), na qual também é Mestre, a arte da culinária medicinal transmitida nos Mosteiros tradicionais do Japão, chocolate, finíssimas geleias de laranja, estimula a pintura Sumi-ê, funda Clínicas de MTC, Spas e nos disponibiliza os melhores livros para prosseguir nos estudos do Zen. Sempre pronto para atender e apoiar cada um dos que o procura com um desejo sincero de se libertar das amarras da própria ignorância e movido por uma inesgotável paciência, dedica a sua vida à transmissão autêntica dos Ensinamentos do Buda, atualizando a linhagem dos Budas e patriarcas. Para cada um se mostra como um espelho, para que nele possa projetar a sua condição humana e recolher a sua verdadeira natureza.

Num dos retiros conduzidos pelo Mestre realizados em Ouro Preto na Casa de Pedras, o Mosteiro Zen Pico de Raios, Mestre Tokuda disse que seu caminho era a de um leopardo na neblina, simbolizando que na neblina as manchas do leopardo não podem ser vistas, ou seja, que ele não era afetado pelos costumes mundanos de querer aparecer com sua prática espiritual.

Brasília, Fazenda Santharém, janeiro de 2008.

ENTREVISTA COM MESTRE TOKUDA
NUM TREM-BALA NO JAPÃO, NO TRAJETO TÓQUIO-KYOTO

Monge Tokuda, quando e como foi que o Budismo entrou realmente em sua vida, despertando o seu interesse pelos ensinamentos do Buda: na sua infância, adolescência ou na fase adulta, quando já estava na carreira militar? Conte-nos sobre essa experiência.

Mestre Tokuda: Durante a carreira militar, aos 20 anos de idade.

O senhor deixou a carreira militar para se tornar Monge e viveu grande conflito naquele momento. O que o levou realmente a abraçar a vida monástica?

Mestre Tokuda: Esse foi um grande Koan para mim. Se continuasse a ser militar, não podia ser Monge. Se fosse Monge, não podia ser militar. O problema com ser Monge era que isto recusava o mundo mundano. Por que quereria eu não levar uma vida mundana, por que quereria ser Monge? A dúvida não se dissolvia. Por que era eu homem e não mulher? Por que japonês e não brasileiro? Por que vivia eu agora e não na época de Maitreya ou de Sakyamuni? Isto se tornou uma grande dúvida existencial em busca de uma identidade, estava completamente envolto na dualidade. Não sabia o que era eu. Perdi minha "identidade", perdi "onde estou", "onde passar o tempo", isso tudo foi uma grande dúvida. Para tomar esta decisão sofri um bocado, fazia Zazen sozinho, por conta própria.

Fale-nos sobre sua experiência na escola Rinzai.

Mestre Tokuda: Foi bom, ali passei menos de um ano praticando, isto me deu força para o resto da vida como Monge Zen. Porque fisicamente eu não aguentava mais a dureza do treinamento, mas o espírito seguia em frente, e com isto aguentava o treinamento duro. Vivia com Takuhatsu (mendigação) no Mosteiro de Engaku-ji. O conflito do pensamento psicológico desapareceu. Eu era magrinho, sensível, mas, entrando na prática do Zazen e treinando, acabei ficando com músculos fortes, com Dokusan cinco vezes por dia, durante toda uma semana, em contato direto com um mestre autêntico, levando aquela vida simples. No verão, esfriando o arroz dentro de um poço de água fria, para não apodrecer o arroz, colocando uma umeboshi (ameixa), o poço tinha 15 metros de profundidade. Limpando o cocô, levando para agricultura, como adubo para cerejeiras no inverno, isto é, em resumo levando uma vida primitiva, lavando o rosto com somente uma concha d'água, fazendo Takuhatsu (mendigação) de nabo durante o inverno. Lavando a sujeira na corrente de água fria, enquanto que hoje em dia tem todo o conforto. Com isto minha vida mudou, era uma vida primitiva, corpo e mente em harmonia. Corpo de Zen, cara de Zen. Não tinha insônia ou nervosismo. O que o mundo de hoje não tem. Levava essa vida saudável, fazendo o Zazen até o fundo, com um Sesshin de sete dias pequeno e um grande por mês. O pequeno tinha oito Zazens, enquanto que o grande tinha até 14-16 Zazens por dia. O corpo treinando, com a força de vontade, passava o limite da resistência física. A escola Rinzai me deu isto. Por isto eu agradeço. Tinha problemas das elites poderosas dos templos, que os diretores agradavam; no Mosteiro Rinzai, isto não era tão favorável. Então um ano de treinamento na escola Rinzai me deu energia para viver o resto de minha vida. O treinamento e a realização eram uma só coisa, o sistema era de Koans, mas ninguém se preocupava em passar Koans. Mas sentava somente, com o okesa (manto). Não tinha mais dúvidas para questões de vida e morte. Foi uma experiência fora do comum. Tive algumas vezes o Kensho (experiência de iluminação), umas quatro vezes. Hoje em dia não dou muita importância para isto, somente estou sentando silenciosamente com meu okesa. Esta foi uma palavra que Mestre Sawaki me deu, e com esta palavra eu voltei para a escola Soto. Estava na escola Rinzai passando o kyosaku (bastão de advertência) quando ouvi Mestre Sawaki me dizendo "Somente sentar silenciosamente com meu okesa", e com isto pensei: "Mas o que estou ainda fazendo na escola Rinzai?". E com isto voltei para a escola Soto.

O que o levou finalmente a decidir-se pela escola Soto?

Mestre Tokuda: Por causa de Mestre Sawaki. Na escola Rinzai eu fazia o Yasa (depois que todos estavam dormindo, sentava em meditação nas pedras e cavernas). Mas eu sentava com o okesa (manto). Um colega da escola Rinzai chegou e vendo isto disse: "Você está realmente sentando". Na escola Rinzai senta-se com o rakusu, o okesa sendo somente para cerimônias.

Em 1968 o senhor veio como missionário para o Brasil. Quais as principais dificuldades que o senhor enfrentou ao aqui chegar, além da diferença de idiomas?

Mestre Tokuda: Não tinha dificuldades. Primeiramente passei três anos em São Paulo como diretor da escola Mahayana. Ensinando japonês para nisseis. O contato com as crianças era minha única alegria. E a outra alegria maior ainda era o dia do Zazen, às quintas de noite. Para o Zazen não compareciam japoneses, a não ser quem fazia Zazen no Japão. Somente brasileiros. Essa era a maior alegria, porque minha intenção ao vir para o Brasil era sentar junto com brasileiros.

O senhor, juntamente com a Sangha brasileira, levantou importantes Mosteiros (Mosteiro Zen Morro da Vargem em Ibiraçu-ES; Mosteiro Zen Pico de Raios em Ouro Preto-MG; Mosteiro Zen Eisho-ji em Pirenópolis-GO), além de vários templos e lugares de prática no Brasil e na Europa. No entanto, sabemos que isto nunca foi para o senhor o mais importante. Fale-nos o que realmente constituiu o objetivo de sua missão no Brasil.

Mestre Tokuda: Queria sentar com brasileiros. Tive dificuldades quando saí de São Paulo e fui para Campos de Jordão. Esse foi o primeiro grupo de Zazen. Ali realmente eu passei fome de verdade. Os brasileiros não ajudavam. Fui pobre de verdade de passar fome, até faltava arroz, shoyu, missô, legumes. Treinava sozinho, acordando às três horas da manhã, batendo o han (madeira), sentando. Ninguém chegava, vieram alguns, mas não ajudavam. Quando não tinha absolutamente nada, sempre aparecia um Bodhisattva. Mariano, Victor Winter, Simone de Zeunig, no último momento, deixavam um cheque, os Bodhisattvas eram brasileiros, não japoneses. Era vida de Monge Zen, como dizem, quando se tem ombros nunca falta roupa, e se tem boca nunca falta comida. Era a prática da pobreza de Dogen Zenji. Vivi realmente isto e minha gratidão fica para os Bodhisattvas brasileiros.

Em sua atuação entre nós como Monge Zen, durante 20 anos o senhor sentou em Zazen com muitos brasileiros e pacientemente instruiu-nos nas teorias e práticas fundamentais do Zen Budismo. Durante esse percurso, percebemos que não somente tínhamos um excelente professor, como também ali estava um homem que com sinceridade buscava a si mesmo, e que veio a se realizar plenamente. Assim, o senhor costumava nos dizer: "Eu não vim ao Brasil. Eu retornei ao Brasil, pois aqui eu me encontrei comigo mesmo". Fale-nos sobre esse precioso momento vivido pelo senhor em terras brasileiras.

Mestre Tokuda: Às vezes com a mesma pergunta "Por que veio ao Brasil", eu respondo de outra maneira, "devido à pessoa que está perguntando". Porque aqui cresce bambu. Onde cresce o bambu, ali cresce o Budismo. Essa confiança na terra brasileira, ou nos brasileiros talvez leve muito tempo, 500-700 anos, mas hoje em dia talvez não seja necessário tanto tempo, já está acontecendo, porque inconscientemente os brasileiros já são muito religiosos, não fazem diferenças com outras religiões, mas consideram a verdade dentro de cada religião. Vivi muitos momentos difíceis, mas isto foi adubo para o meu crescimento, porque vim com 29 anos de idade. Isto quer dizer simplesmente um Monge Zen sem muitas experiências e conhecimento. Mas eu queria viver como um Monge Zen mesmo. Como se fosse o meu voto e com isto consegui viver até agora. Eu não tenho a ambição de me tornar um Mestre reconhecido nem um professor, mas simplesmente vivi com brasileiros da maneira brasileira, alegrias, como se estivera brincando.

Outro aspecto marcante de sua trajetória no Brasil foi a sua atuação como médico e terapeuta. Além dos inúmeros pacientes tratados e curados em vários pontos do Brasil, é fato que renomados profissionais de shiatsu, acupuntura e ervas medicinais com atuação nos principais centros terapêuticos do país reconhecem a importância de seus ensinamentos para as suas formações profissionais. Conte-nos quando e como foi que despertou o seu interesse pela Medicina Tradicional Chinesa.

Mestre Tokuda: No Japão quando estava me preparando para entrar no Mosteiro, eu estive no alto da montanha sozinho no inverno. Aí veio meu amigo e ao mesmo tempo meu Mestre, dois anos mais velho do que eu. Até hoje, passados muitos anos, nunca consegui ultrapassá-lo. Ele não era Monge, mas um espadachim praticante do estilo antigo, um praticante Zen de verdade e ele teve uma grave doença, e tratou com um médico japonês de Kampoh. O nome dele era Shoin Araki. Era Monge e um grande médico oriental de Kampoh. Quando primeiramente ele encontrou com Mestre Araki não precisou dizer nada, simplesmente deitou, e o Mestre tocou num ponto. "Aí dói, este é o problema. Se não tratar disto, morrerás". E começou a tratar dele e melhorou com moxa, acupuntura, Kampoh e alimentação. O mestre dele disse: "Você pode trabalhar com esta medicina porque você não precisa ganhar dinheiro com esta medicina". E começou a aprender. Quando eu me encontrei com ele, ele veio me visitar na montanha, quando estávamos no inverno, muita neve. De manhã acordava ainda escuro, um frio terrível, eu agasalhado com muitas camisetas, casacos, saí para o treinamento de artes marciais. Colocando um tamanco de ferro, primeiramente comecei a correr na neve até o joelho. Comecei a suar, virei camisas e camisetas e casacos, logo dentro de um barracão começou o treinamento de ken jutsu, aikidô, karatê, tudo misturado ao mesmo tempo. Estava com uma armadura de kendo, mesmo assim logo meu corpo ficou todo roxo com os ataques de Shinai (espada de bambu). Eu não tinha a mínima intenção de aprender artes marciais, mas fui obrigado. A única salvação era depois do treinamento, preparávamos o machá (chá verde em pó), tomávamos e dava um grande alívio, e aquele silêncio e tranquilidade. Um dia ele me perguntou, "Por acaso você tem problema de hemorróidas?". "Sim". Porque ele viu uma gota de sangue puro no banheiro, e eu tinha problema, rachava e sangrava. Ele disse: "Assim não consegue praticar, pode até morrer". Começar a tratar com moxa, no terceiro dia depois eu tive vontade de soltar gases, aí saí para o corredor, saiu gás, muito tempo, quase um minuto, nunca isto podia acontecer. E depois, acreditem ou não, meu problema de hemorróida ficou curado. E depois como ele tinha problema de saúde profundo, pediu que eu cuidasse dele e assim começou a passar seu conhecimento de shiatsu, acupuntura, Kampoh, alimentação etc. De vez em quando eu trabalhava na loja de atacado de peixes de manhã cedo, quando ainda estava escuro, fazendo fogueira, chegava um caminhão de Uogashi (grande mercado de peixe em Tóquio para o Japão inteiro), descarregava caixas pesadas cheias de peixe para eu ganhar um dinheiro próprio para poder comprar o okesa, koromo, tigela, orioki – são as roupas de Monge que são necessárias para entrar no Mosteiro. Mas vocês podem acreditar, anteriormente meu corpo, magro, nervoso, sensível, transformava-se com mais dez quilos de músculo forte e assim aprendia essa iniciação de aprendizado com Medicina Tradicional Chinesa. Depois de chegar ao Brasil, como disse anteriormente, passei fome realmente, mas continuava a sentar e fazia Sesshin de vez em quando com brasileiros. Depois de terminar os Sesshins muita gente ficava com insônia e prisão de ventre. Durante o Sesshin eu sou demônio com kyosaku (bastão de advertência), mas depois do Sesshin eu sou anjo e tratava com shiatsu aqueles com problemas. Aí eles disseram: "Seu shiatsu é muito bom, você pode ganhar com isto". Estava morando em Campos do Jordão, no bairro Floresta Negra, o vizinho era alemão, ficava atrás do palácio de verão do governo. Eu atendia alguns japoneses, primeiramente de graça, e aí começaram a aparecer brasileiros querendo se tratar. Como paulistanos sabem, Campos do Jordão é uma terra de veraneio e sanatórios, muitas celebridades moravam ali, e ricos. Não vou citar nomes das pessoas que atendi. Apareciam com Mercedes para meu consultório. Eu estava com as mãos sujas de terra trabalhando com agricultura, lavando rápido, começava a atender. Terminando a seção, a secretária do senhor perguntou: "Quanto é?". Eu tinha tanta vergonha de dizer, falei: "25 cruzeiros". Ela sorriu, "Parabéns", mas deu dinheiro. Deu 250 cruzeiros. Começou, muitas pessoas importantes. Fila de Mercedes com fundo da montanha. Às vezes clientes vinham de São Paulo de helicóptero só para isto. Assim começou meu trabalho com Medicina Tradicional Chinesa, mas no fundo o que recebi do meu mestre era a Filosofia da Medicina, não precisa ganhar com isto, mas sim era doação de tratamento. Eu não sou um médico acupunturista, em primeiro lugar sou Monge. Meu preço era sempre barato. Meus alunos cobravam mais. Isso atrapalhava eles, diziam eles: "Tem que aumentar". "Desculpe, mas esta é minha dignidade". Em primeiro lugar sou Monge Zen, nada mais.

Na tradição Budista é grande o número de sutras, tratados e ensinamentos dedicados ao estudo da prática médica. Há, inclusive, uma entidade búdica específica para essa atividade: o Buda da Medicina. Fale-nos sobre esta interação entre o Budismo e a medicina.

Mestre Tokuda: O Budismo começou com a grande dúvida do Buda Gautama inicialmente, "Por que este sofrimento do mundo?". Para entender isto se tornou Monge, abandonando o palácio. Depois aprendeu com dois grandes Mestres, tendo chegado até certos níveis de meditação, mas não ficou com isto, porque a primeira dúvida não foi resolvida, até que por conta própria, meditando, no silêncio sagrado, ganhou a iluminação. Como o primeiro sermão, falou sobre as quatro nobres verdades, em primeiro lugar, a presença do sofrimento, "Qual é a causa da doença, qual é o método de curar isto", método de curar como caminho funciona para todos. Assim o ensinamento do Buda desde o começo era ligado com medicina para tirar o sofrimento dos seres vivos, sofrimento de vida, doença, envelhecimento e morte. Até hoje esse problema não está completamente resolvido, tanto física quanto psicologicamente, assim hoje em dia esta Medicina Búdica está novamente chamando a atenção. Durante todos os anos eu vivi cantando o mantra do Buda da Medicina, quando tiver grave problema não procura a resposta, cantando o mantra, aí dorme. De madrugada, quando abria o olho, a resposta exata vinha para mim naturalmente. Quantas vezes isto não aconteceu? Assim continuo a cantar o mantra: Om kora, kora/ Sen dari motogi sowaka. Canta isto sete vezes.

Cada vez mais, a Felicidade parece ser o resultado das conquistas de bens materiais, status social e segurança particular assegurada. Porém, basta que apenas um desses pilares seja perdido para que o homem contemporâneo se veja dominado num estado caótico de raiva e desespero. Mestre Tokuda, qual a mensagem que o Budismo tem a oferecer neste conturbado cenário do mundo atual?

Mestre Tokuda: Isto também volta à primeira teoria da questão do Budismo. Os quatro selos do Dharma. Anatma. Não ego. Então a pessoa na verdade está vivendo neste mundo das ilusões, desejos, cinco desejos, bens materiais, fama, nome, poderes etc. Outros cinco desejos através dos cinco sentidos, e finalmente quer viver para sempre. No Budismo é a resposta para isto, para abrir a verdade absoluta e eterna. Comer, dormir, desejo para sexo, depois querendo nome e poderes. Ilusão. Ninguém pode segurar com nada. Vazio. Existem religiões em que a pessoa fica encostada nela, como uma muleta, aí consegue a paz, mas no vazio, com nada para segurar. Com isto consegue a verdadeira paz e a tranquilidade chega. Mas para isto precisa dar um salto, transcender não somente entender; a meditação Zen é a chave para isto, mas a resposta para esta pergunta já está na própria pergunta, quem perguntou já sabe. Então com o método do caminho óctuplo, indo da vida correta até a meditação e sabedorias corretas a pessoa chega lá.

O senhor chegou a ser ordenado na escola Rinzai ou somente na Soto?

Mestre Tokuda: Primeiramente treinei na escola Rinzai, depois voltei para a Escola Soto por causa do ensinamento do Mestre Sawaki. Primeiro tive um mestre Rinzai, que treinou 13 anos em Kennin-ji. E faleceu treinando em Engaku-ji. Voltando para a escola Soto onde havia um professor da escola Soto especialista do Shobogenzo, Nagahisa Shunyo. Eu queria ir para o Brasil, e o professor Shunyo conversou com um discípulo dele, Tenshin, pedindo uma mudança oficial de Mestre, para se tornar discípulo de Ryohan Shingu, e vir para o Brasil para o Templo de São Paulo, Bushin-ji.

Qual o ano de sua ordenação?

Mestre Tokuda: 1996.

Qual o local de sua ordenação?

Mestre Tokuda: Mestre Shingu tinha um Templo no Japão. O Templo de Nagahisa Shunyo era em Tiba. Chamava-se Choyo-ji. Queria passar o Templo para mim, passou para Shingu Roshi. Nagahisa tinha um outro Templo em Yokohoma, que passou para seu discípulo. Um dos discípulos ficou rico porque passou uma linha de ferro por seu terreno e com isto ele foi compensado pelo governo.

Qual o nome do Mestre que o ordenou?

Mestre Tokuda: Shingu, Ryohan.

Qual o seu nome de ordenação?

Mestre Tokuda: Ekyu, vem de Eisai, Mestre Rinzai que transmitiu sua linhagem no Japão na época de Mestre Dogen. Somente mudou o "Ei" para "E". Kyu era nome de leigo. O nome de Shingu Roshi era Ryotan Shingu. Com isso deu Ekyu Ryotan.

Qual o significado de seu nome de ordenação?

Mestre Tokuda: *Ryo* quer dizer bom, e *tan* quer dizer processo profundo.

Em qual ano iniciou treinamento na escola Rinzai?

Mestre Tokuda: 1964.

Em quais Mosteiros/Templos Rinzai o senhor treinou?

Mestre Tokuda: Mosteiro de Engakuj-i, em Kamakura, com Mestre Asahina Sogen.

Com quais mestres Rinzai o senhor chegou a treinar?

Mestre Tokuda: Fiz meu primeiro Sesshin com Mestre Soen Nakagawa no Mosteiro de Ryutaku-ji, que é ligado com Mestre Hakuin.

Em qual ano iniciou treinamento na escola Soto?

Mestre Tokuda: Na Universidade de Komazawa, em 1960. Atendi Teishôs de Kodo Sawaki na Universidade durante quatro anos. Fui para a escola Rinzai um ano depois. Depois de três anos voltei para a Universidade de Komazawa. Em 1968 vim para o Brasil.

Em quais Mosteiros/Templos Soto o senhor treinou?

Mestre Tokuda: No Mosteiro de Shigen-ji, na cidade de Myazu, com Mestre Haien Hatori. Foi ali que pela primeira vez aprendi a tocar o mokugyo e o sino.

Com quais mestres Soto o senhor chegou a treinar?

Mestre Tokuda: Mestre Sawaki e Mestre Haien Hatori.

O senhor frequentou a Universidade de Komazawa de 1963 até que ano?

Mestre Tokuda: Em 1960 entrei em Komazawa, em 1963 saí para a escola Rinzai, em 1964 voltei para a Universidade de Komazawa para completar os estudos. Trabalhava numa editora Budista editando o Tripitaka Chinês até vir para o Brasil. Encontrei com Mestre Shingu e o Mestre Nagahisa indicou para mim que passasse para o Mestre Shingu, e eu o fiz.

Palestra do Monge Tokuda na Universidade Livre de Bruxelas

(Sexta feira, 29 de agosto de 2004 – Sala Dupréel)

Introdução de Pierre de Marêt, Reitor da Universidade Livre de Bruxelas

Para a conferência deste dia, caberá ao Mestre Tokuda a tarefa de fechar o ciclo das discussões e ensinamentos deste dia, nos apresentando um assunto para o qual ele é especialmente competente: a tradição Zen e sua especificidade nas fases de que se revestiu externamente o Budismo no curso de sua expansão.
O Mestre Tokuda se encontra de fato no coração da disciplina do ensinamento Soto introduzido no Japão pelo Mestre Dogen no começo do século XIII. Todos podem consultar o papel que foi passado, que explica um pouco do Zen, de sua história e implantação, notadamente na China e no Japão.
Depois de ter completado seus estudos de Filosofia Budista na Universidade de Komazawa em Tóquio, ele fundou no Brasil e em seguida na França numerosos Mosteiros dessa escola Soto. Ele é o fundador em Paris da Associação Maha-Muni, o que quer dizer "Grande Silêncio", e existe em nosso país, em Mons, uma associação chamada Shikantaza dirigida por um dos seus discípulos. É, portanto, uma viagem no tempo, numa tradição de origem muito longínqua, mas sobretudo uma viagem pelo espírito para a qual agora nos convida o Mestre Tokuda Ryotan.

Monge Tokuda toma a palavra

Faz já trinta sete anos que cheguei ao Brasil como missionário. No primeiro ano passei um período difícil, e me lembro agora de uma senhora belga, que me ajudou muito naquele tempo. Seu nome era Simone de Zeunig. Aproveito esta ocasião para lhe dirigir meus agradecimentos e minhas boas lembranças.

Em geral, os japoneses sempre começam uma conferência

se justificando e pedindo desculpas antecipadamente. Eu falo em inglês, mas é possível que as pessoas que falam inglês aqui possam não me compreender, porque meu inglês é inglês-japonês, e mais ainda inglês de Zen.

Eu vou dar um exemplo. Um americano que estudou japonês durante anos nos Estados Unidos, e que o compreendia muito bem, decidiu ir ao Japão. Lá chegado, como todos os turistas, ele visitou Tóquio, Kyoto etc. e disse a si mesmo: "Por que não visitar o interior?". Então ele foi ao interior do Japão e chegou a um vilarejo, que até então não tinha jamais visto um estrangeiro. Chamaram o professor de inglês que ensinava na escola mais próxima. O professor chegou e começou a falar em inglês com o visitante. Depois de tê-lo escutado, o americano chegou à seguinte conclusão: "Estudei o japonês durante anos, mas esse japonês que este camarada está falando eu não conheço". Por isso estou me desculpando antecipadamente.

Pediram-me uma breve intervenção sobre o Budismo Zen. Nós somos da escola Soto, da qual um de seus grandes mestres foi Mestre Dogen. Ora, as concepções de Mestre Dogen sobre a escola Zen são muito diferentes do que se pode imaginar. Com a introdução do Budismo Zen no Ocidente, vocês têm sem dúvida muitas ideias sobre o que possa ser a escola Zen, mas eu devo dizer, e estou triste de fazê-lo, peço desculpas novamente, que o que vocês acham está errado. Mas se eu for dizer isso para vocês, ninguém vai acreditar em mim, por isso trouxe trechos do capítulo "Bendowa" do "Shobogenzo" de Mestre Dogen, que é um composto de respostas dadas por Mestre Dogen a certas perguntas que lhe foram dirigidas.

Dogen critica o nome "Escola Zen" ou "Seita Zen"

(Alguém) pergunta, "Dentre os três tipos de treinamento existe o treinamento no estado balanceado, e entre os seis paramitas existe o paramita dhyana, ambos os quais todos os

Bodhisattvas aprendem desde o começo e todos os Bodhisattvas aprendem, não importa se são inteligentes ou estúpidos. O Zazen (que você está discutindo) agora é certamente (apenas) um desses. Por que você diz que o Dharma correto do Tathagata está concentrado nessa (prática do Zazen)?

Eu digo: A pergunta surge porque o tesouro do olho-do-Dharma-correto, o grande e supremo método, que é a uma única grande questão do Tathagata, foi chamado de "Seita Zen". Lembrem-se que esse título "Seita Zen" foi estabelecido na China e no leste; nunca foi ouvido na Índia. Quando o Grande Mestre Bodhidharma primeiramente ficou no templo de Shaolin nas montanhas de Sung-shan, e fitou a parede por nove anos, Monges e leigos ainda eram ignorantes do Dharma correto do Buda, então eles chamaram (o Mestre Bodhidharma) de o Brâmane que fazia uma religião do Zazen. Dali em diante, os patriarcas das gerações sucessivas todos constantemente se dedicaram ao Zazen. Pessoas seculares estúpidas que viam isso, não conhecendo a realidade, falavam ao acaso de uma Seita do Zazen. Hoje em dia, deixando a palavra "Za" cair fora, eles falam somente da seita Zen. Essa interpretação está clara dos registros dos patriarcas. (O Zazen) não deve ser discutido como o estado balanceado de dhyana nos seis paramitas e nos três tipos de treinamento. Que esse Buda-Dharma é a intenção legítima da transmissão de um para um nunca foi oculto através das eras. Na ordem do Pico do Abutre nos tempos antigos, quando o Tathagata deu o Dharma ao Venerável Mahakasyapa, transmitindo o tesouro do olho-do-Dharma-correto e a fina mente do nirvana, o método supremo e grande, apenas a ele, a cerimônia foi testemunhada diretamente por seres entre a multidão celeste que estão presentes no mundo acima, então não deve jamais ser colocado em dúvida. É uma regra universal que aqueles seres celestes guardarão e manterão o Dharma de Buda eternamente; seus esforços nunca se esmaeceram. Somente lembrem-se de que essa (transmissão do Zazen) é a verdade completa do Dharma de Buda; nada pode ser comparado a isso.

"Uma prática especial fora das Escrituras"

Há um outro capítulo do "Shobogenzo" chamado "Bukkyo" (*bukkyo* quer dizer o ensinamento do Buda) que fala desta espécie de slogan do Zen que "o Zen seria uma transmissão especial fora das palavras", e também aqui queremos apresentar um extrato:

A transmissão autêntica foi transmitida de forma autêntica de um eu para outro eu, e no interior da tradição autêntica existe um self. Este espírito único que é o veículo supremo é o chão, as pedras, as areias e tijolos. Porque chão, pedras, areias e tijolos são o espírito único, então chão, pedras, areias e tijolos são chão, pedras, areias e tijolos. Se nós falamos da transmissão autêntica de um só espírito que é o veículo, é preciso que seja desta forma. As pessoas que estão por aí falando de "uma transmissão especial fora das escrituras" jamais souberam o que isto quer dizer. Assim, não cometam mal entendidos sobre os ensinamentos de Buda se baseando em interpretações falaciosas de "uma transmissão especial fora das escrituras". Se essas coisas se passassem como afirmam tais pessoas, seria possível falar do ensinamento como sendo "uma transmissão especial fora do espírito"? Se nós falássemos de uma transmissão fora do espírito, nem uma só linha ou meia linha teria sido transmitida. Se não falamos nunca de "uma transmissão especial fora do espírito", então não devemos jamais falar de "uma transmissão especial fora dos ensinamentos.

Este propósito de Mestre Dogen está muito evidente.

Nós, que somos Budistas, praticamos com os sutras, os textos Budistas, o Abhidharma... nós temos nossa prática – prática com o Mestre – meditação, cerimônias, mas se nossa prática se distanciar do ensinamento do Buda, não será isso Budismo.

Desde o Buda Gautama, o Dharma foi transmitido pelos Budas e patriarcas entre os quais havia Nagarjuna, fundador da escola do caminho do meio (o caminho madhyamika), e que é também um mestre fundador para linhas do Budismo tibetano. Nesta transmissão não há separação entre as diferentes escolas. Nagarjuna é considerado como o fundador do Budismo Mahayana, mas também como o fundador das oito escolas do Budismo. Existe também uma escola chamada Yogacara (jap. *Yushiki*) fundada pelos mestres Asanga e Vasubandhu e esses dois também aparecem na linha de transmissão de nossa escola.

Prática e realização

Se me perguntasse qual é a diferença entre o Budismo Theravada, o Budismo Tibetano, o Budismo Zen, eu não poderia responder. Não sabendo sequer o que seria a escola Zen, como poderia eu dar respostas quanto às outras escolas.

Conhecer as diferenças entre as diferentes escolas é algo completamente sem interesse, o que importa é conhecer a essência do Budismo, de saber o que está no coração de cada escola.

A comparação entre as diferentes escolas, vistas dum ponto de vista teórico, é sem interesse. O que importa são as práticas e realizações daquelas escolas, porque é somente vendo as práticas e realizações que saberemos se são autênticas ou não.

Quando se encontra um Mestre ou alguém que ensine da escola então temos uma grande alegria, se experimenta uma grande felicidade, e se tem a impressão de que se encontrou um outro si mesmo. Quando eu falo do encontro com as escolas, não se trata somente de escolas do Budismo – tais como escolas tibetanas ou do Theravada. Pode ser com um padre católico, por exemplo o Padre Lassale ou Thomas Merton, ou com irmãos dominicanos ou beneditinos, dentre os quais alguns praticam hoje em dia essa meditação Zazen. Essas trocas nos fazem verdadeiramente felizes e permitem que vejamos tudo como se fosse num espelho.

Qual é a base, o coração do ensinamento do Buda ou, se posso dizer, a essência do Budismo? É como o disse nesta manhã o senhor Trotignon, *anatman*, não-ego. Existe o sofrimento (*dukkha*), a insatisfação. Por que existe esse sofrimento? Por que existe a interdependência, a interconexão. A interdependência quer dizer que não existe o ego, que nada há que seja fixo ou eterno sobre o qual se possa apoiar. Compreender isso é compreender, não desde um ponto de vista intelectual, que a prática é indispensável para nos ajudar a fazer o salto além do abismo que separa este mundo profano de algo como o mundo sagrado, sem contudo nos separarmos deste mundo, porque são dois mundos diferentes.

O Si Mesmo na escola Yogacara

Antes de entrar neste tema do Si Mesmo, eu queria dar um apanhado geral do que diz o Budismo a este respeito e lembrar as concepções do Yogacara.

A escola Yogacara desenvolveu uma teoria muito importante, a teoria da natureza tríplice de Si Mesmo. Esses três aspectos fundamentais são:

1. A dependência de outro, a característica dependente de outro ou dependente do resto. Como tudo que existe no universo, o Si Mesmo é o resultado de causas e de circunstâncias secundárias, não existe existência própria.

2. A característica imaginária: o Si Mesmo é percebido através de uma consciência condicionada que impede de ter uma percepção correta das coisas.

3. Um aspecto absoluto, eterno, universal.

O segundo aspecto acima corresponde ao que chamamos

de "eu ilusório", o terceiro aspecto é o Si Mesmo da realização ou do despertar. Mais uma vez encontramos a complexidade, complexidade esta que rege as relações entre esses diferentes aspectos do Si Mesmo que não são nem parecidas nem distintas. O que quer que seja, atingir o Si Mesmo, o despertar, é o assunto de uma experiência religiosa autêntica e é um domínio onde o conhecimento intelectual atinge seus limites.

Todas essas tradições, escolas do Madhyamaka ou Yogacara, também entram na escola Zen. Mestre Dogen diz que estudar o caminho do Buda é estudar a si mesmo. É certo que a primeira coisa é efetivamente estudar a si mesmo, porque nós não sabemos o que nós somos. Meister Eckhart, o místico alemão, disse a mesma coisa quando disse que, para conhecer Deus, primeiro temos que conhecer a nós mesmos.

A escola Yogacara produziu um modelo que distingue oito – mas talvez nove – níveis de consciência.

Existem cinco consciências ligadas aos órgãos dos sentidos que chamamos de pré-consciências, em seguida a sexta consciência, que é a consciência mental. Até aqui se trata do nível da consciência, mas existe igualmente a sétima consciência chamada (em sânscrito) *manas*. Essa consciência *manas* é uma consciência totalmente egocêntrica ou, se preferirmos, a característica reflexiva da consciência, seja uma consciência consciente de si, se bem que a característica da consciência consciente dela mesma seja de fato o inconsciente. A sexta consciência – consciência mental – é uma consciência que está consciente de si, mas consciente de si somente quando se está acordado. É o eu habitual, aquilo que eu penso de mim, enquanto que *manas* é a característica reflexiva da consciência, que funciona sempre, quer acordado ou não, mesmo durante o sono e mesmo no estado de coma. Por quê? Por causa da oitava consciência chamada consciência de *alaya*. *Alaya*, que tem a mesma raiz que Himalaya, quer dizer no caso do Himalaya, "reserva ou onde se conserva a neve, depósito de neve". Essa consciência de *alaya* conserva a lembrança de tudo que foi acumulado ou depositado ali no passado, não somente o passado individual, mas também no passado coletivo da humanidade. Pode ser o passado de milhões de anos, é o depósito de tudo, compreendido aqui aquilo que nós não conhecemos. A consciência *manas*, em contato com a consciência *alaya*, vê o conjunto das lembranças, lembranças da infância, das alegrias, tristezas etc., com a ideia de um tempo que passa como uma flecha indo do passado para o futuro, o que cria uma ilusão de existência que parece ter um passado e um futuro. Mas acabamos de dizer que se trata de uma visão distorcida.

O "rosto" original

Finalmente, o que é aquilo que queremos? Todo mundo quer a felicidade, mas a felicidade é uma fabricação do ego e é este ego que gera os sentimentos de falta e de sofrimento.

A partir do ego nascem os sentimentos do amor, o amor por si mesmo. Ora, amar a si mesmo é fazer uma diferença entre si mesmo e outros, é se comparar aos demais e achar que somos melhores que os demais. O apego é a causa do sofrimento. Na origem não existe o ego, tudo é vacuidade (*sunyata*). Romper o apego a si mesmo é deveras difícil. Por causa desse apego a si mesmo, queremos viver para sempre, o que nos faz dizer às vezes: "Talvez em outra vida possamos fazer melhor..." Mas tal coisa evidentemente não resolve o problema.

Portanto, mais uma vez é necessário ver o que quer dizer nossa presença, o que nós somos, o que somos realmente. É preciso que compreendamos o que a escola Zen quer dizer quando fala do "rosto original".

O que era nosso rosto original antes que nossos pais nascessem? Ou para dizer de outra forma: antes que Deus tivesse criado o mundo, qual era nosso rosto original então? Quando chega o momento da morte, para onde vamos todos? Não se sabe. De onde viemos? Não sabemos.

A questão central do Budismo e da escola Zen é estudar a si mesmo, estudar a questão da vida e da morte.

O problema é que essa consciência reflexiva, essa consciência egocêntrica é inconsciente. Se tivéssemos consciência dela, poderíamos tentar alterar algo. Como controlar essa consciência inconsciente, essa consciência cósmica? É muito difícil, é um dilema. Então existem sutras e ensinamentos que são primeiramente percebidos com a consciência mental: ouvimos eles, pensamos sobre eles e os avaliamos, vemos os resultados e em seguida é conveniente esquecê-los. Existe igualmente a prática do *dhyana* (meditação ou Zazen).

Dogen e si mesmo

A propósito de Si Mesmo, eis o que diz Mestre Dogen no capítulo "Genjo Koan", "A manifestação da verdade".

Estudar o caminho do Buda é estudar a si mesmo. Estudar a si mesmo é esquecer a si mesmo. Esquecer a si mesmo é ser iluminado por todos os seres. Ser iluminado por todos os seres é abandonar seu próprio corpo e seu próprio espírito e também o corpo e espírito de outros. Então os traços da iluminação desaparecem e o espírito e despertar sem traços continua eternamente.

Aqui Dogen Zenji diz: estudar o Budismo é estudar a si mesmo e para estudar a si mesmo é também necessário esquecer a si mesmo. Mas como fazer tal coisa, já que essa consciência egocêntrica de *manas* que é inconsciente funciona constantemente? Será possível alterar isso depois de ter conseguido a iluminação?

Certos discípulos do Buda Gautama lhe colocaram esta pergunta: "Mesmo depois de ter conseguido a iluminação, você ainda tem esta consciência de ego?". O Buda respondeu: "Sim, continuo a ter esta ideia egocêntrica".

Essa consciência do ego é muito difícil de ser cortada. Por exemplo, à questão: "Qual é o ser que você mais ama no mundo?", a resposta é: "Eu mesmo".

Se pensarmos sinceramente, aquele a quem mais amamos no mundo somos nós mesmos. Quando se é jovem, fala-se muito no amor e aqueles que estão rindo neste momento têm sem dúvida nenhuma uma boa experiência nesse campo.

Todos esses níveis de consciência que são as cinco pré-consciências, a consciência mental, a consciência de *manas* e a oitava consciência inconsciente de *alaya*, podem ser alterados pela prática Budista. Dentre esses tipos de consciência, a primeira a se transformar em sabedoria é a consciência egocêntrica de *manas*.

Do fato que eu amo a mim mesmo, eu não aceito nem violência, nem críticas nem maledicências ou agressões da parte de outrem, já que quero que me amem. Lembrar que o outro não gosta também de ser criticado é a chave que permite alterar essa consciência. O que eu não aceito para mim mesmo por que o outro aceitaria para ele mesmo? A sabedoria consiste em não fazer para os outros o que não se gostaria que fizesse consigo mesmo. Agindo assim no que diz respeito aos demais, se bem que perdure a consciência do ego, ela evolui e se transforma em uma sabedoria chamada sabedoria da igualdade. O praticante que aplica esta teoria na vida cotidiana se vigia e, no momento em que surge a cólera, diz de si para si: "Como funciona bem essa consciência de *manas*!".

Volto agora sobre o que disse anteriormente: existem muitos mal entendidos quanto à natureza de Buda. Certas pessoas acham que essa natureza de Buda é como um grão que, com o tempo, o sol, água, vai nascer, produzir uma flor que gerará um fruto produzindo novamente um grão e assim por diante. Não posso afirmar que essa ideia seja falsa, já que consiste também de uma teoria Budista, teoria diga-se essencial, mas para Mestre Dogen, fundador do Soto Zen no Japão, o importante é a prática, porque com a prática vem a realização. A realização não é uma consequência da prática, é a própria realização, ou seja, quando praticamos temos a realização.

Prática e realização

O primeiro capítulo do "Shobogenzo" se chama "Genjo koan". Este *genjo koan* pode ser traduzido como "realização da verdade" ou "manifestação da verdade" ou "manifestação da lei universal". Contudo, essas expressões fazem pensar que existe uma verdade por trás dos fenômenos, que essa verdade seria algo de especial, e isso pode engendrar uma percepção de dualidade, de duas coisas separadas. Essa dualidade é um problema de fato.

Meister Eckhart disse que para conhecer Deus, é necessário transcender a dualidade, e a temporalidade. Num dos seus sermões ele disse que quando Maria Madalena foi ao túmulo do Cristo, viu dois anjos. Um dos anjos disse: "Que busca você? Se é o Cristo, ele não se encontra aqui". E ela ficou muito triste. "Por que você está triste? Você buscava um cadáver e achou dois anjos vivos". E Maria Madalena disse: "Exatamente por isso estou triste, porque encontrei a dualidade".

Eu repito:

Quando Maria Madalena foi ao túmulo do Cristo achou dois anjos vivos.

Que busca você?

Eu busco o Cristo.

Não está.

Deus não está em parte alguma porque está em toda parte. Isso é panteísmo. Mas quando vamos além do ego, não existe mais ninguém. Não se pode dizer: existe o Tokuda ou um outro qualquer. Essa técnica da superação do ego é com frequência utilizada nos Koans.

O Mestre Tozan Ryokai perguntou, por exemplo, ao seu discípulo Doyo: "Como você se chama?".

Doyo disse: "Doyo".

O mestre disse: "Diga algo mais".

Doyo disse: "Se eu acrescentar algo mais, não posso mais me chamar Doyo".

O mestre aceitou esta resposta dizendo: "Quando estava com meu Mestre, ele me perguntou o mesmo e eu dei exatamente a mesma resposta".

Nesse "Como você se chama" existem dois aspectos: 1. O que você é? 2. Seu nome, qual é? Esse questionamento é seu nome, seu nome é esse questionamento.

O que é este corpo? Este corpo é constituído dos quatro grandes elementos e dos cinco agregados (os cinco skanda), que mudam constantemente: carne, ossos (algo duro como a terra), água (sangue, transpiração), fogo (calor corporal) e vento (movimento, respiração). Estes quatro elementos juntos formam o corpo, mas fora do corpo não há algo de eterno que possa ser chamado de "eu".

Vou contar uma outra história, um outro Koan, uma outra pergunta Zen. Quando o Mestre Nangaku foi pela primeira vez visitar o sexto patriarca, Hui-neng, este último lhe perguntou: "De onde vem você?"

Nangaku respondeu: "Venho da montanha de Suzan".

Hui-neng disse: "O que é aquilo que vem assim?"

Nangaku não pôde responder.

Foram necessários oito anos para que ele chegasse a responder essa pergunta. Percebem, todas as manhãs durante oito anos:

"Bom dia mestre.

O que é aquilo que vem assim?"

Que acham? Oito anos... Precisa muita paciência.

E depois de oito anos, Nangaku disse: "Agora compreendo. Quando vim pela primeira vez, você me perguntou: 'O que é aquilo que vem assim'?"

Hui-neng disse: "Como você o compreende?"

Nangaku disse: "Se eu responder não vai ser exatamente a experiência".

Hui-neng disse: "Sim, mas existe a prática e a realização?"

Nangaku disse: "Sim, Mestre, existem prática e realização, mas não estão contaminadas".

Prática e realização não são duas coisas que se influenciam. Praticar com o objetivo de obter o *satori* cria uma dualidade que faz com que a iluminação fique mais longe.

Como no Koan anterior, podemos ver que a resposta está no bojo da própria pergunta.

Inmo, a talidade

Pergunta: "O que é isso?" Resposta: "Isso é o que vem como vem, a talidade, o que é tal qual é", de forma que não se o pode descrever, não se o pode descrever nem por nome nem por posição social, porque não tem mais ego e que somente assim o pode definir: a talidade, o que é tal qual é.

Esta "talidade" é como eu disse na conferência de hoje de manhã: o que veio tal qual veio, *tathagata*, ou *tathata* ("natureza de Buda"), tathata sendo a verdade que vem tal qual vem e que vai tal qual vai. Na realidade, desde o começo, vocês vêm tal qual vem e tal qual vão se vão também.

"Tal qual vem" ou talidade está traduzido em japonês como inmo. "Inmo" é um capítulo do "Shobogenzo" do qual vamos ler agora um trecho.

O Grande Mestre Kokaku da montanha de Ungo era o herdeiro legítimo de Tozan, ou seja, a trigésima nona geração depois do Buda Shakyamuni e ele era um patriarca autêntico da linha de Tozan. Um dia diante da assembleia ele ensinou: "Se vocês quiserem atingir tal assunto que é de tal maneira, devem se tornar uma pessoa tal qual é. Se já são uma pessoa tal qual são, porque se preocupar sobre tal coisa?"

Esse "aquilo" ou "tal como aquilo" é aquela coisa que não se pode definir. Neste momento, não tem identidade, eu me torno "você" e você se torna "eu". Desse estado é dito: "Se eu beber a água da vida, é você que fica bêbado". É como se houvesse um denominador comum, uma raiz e origem comuns.

Vou tomar de um outro texto no capítulo "Kai-in-zanmai", o "Samadhi parecido a um oceano", onde Mestre Dogen cita um poema do Buda.

O Buda disse:

De nada mais senão de dharmas verdadeiros este corpo é composto.

O momento do surgimento, nada mais é senão o surgimento do Dharma;

O momento da desaparição, nada mais é senão o desaparecimento do Dharma.

No momento em que aparecem tais Dharmas não mais falamos da aparição de si mesmo.

No momento em que desaparecem tais Dharmas, não falamos mais da desaparição de si mesmo.

Um momento antes, um momento depois: o instante não depende do instante;

Um Dharma antes, um Dharma depois, Dharma não se opõe a Dharma.

Isso é, simplesmente, chamado samadhi, estado parecido ao oceano.

Também o ensinamento não é o ensinamento Budista, é a interdependência, interdependência que a tudo rege, compreendido aqui o fato que me encontro aqui. Não sou eu quem vem, é o Dharma quem vem. "Dharma" é uma palavra que tem muitos sentidos, entre os quais quer dizer ensinamento, fenômenos, mas que, essencialmente, quer dizer uma causa e circunstâncias secundárias que produzem um efeito. É a teoria Budista das fundações e não se sai disso nunca, nem a escola Zen nem as outras. Se esquecer a si mesmo, é o inconsciente, então é muito difícil.

Na escola Zen, existem muitas histórias como a história de Gensha Shibi, discípulo do Mestre Seppo. Gensha Shibi era um pescador que se tornou Monge. Antes que tivesse se tornado Monge, sua vida era muito dura e devido a tal fato seu treinamento era muito sério. Mas ele não havia ainda atingido a realização. Ele se dizia: alguma coisa está se interpondo no caminho à minha realização. Talvez eu devesse ir a algum outro Mosteiro e praticar com algum outro Mestre.

Ele desceu a montanha, onde se encontrava o Mosteiro de Mestre Seppo, mas no caminho ele deu uma terrível topada com o dedão do pé contra uma pedra, arrancou a unha, sangrou e estava muito dolorido. Sofria enormemente e se disse: os ensinamentos, os sutras dizem que esse corpo é essencialmente vazio, vacuidade, então de onde vem este sofrimento?

Mais uma vez essa pergunta sobre a dor não era um questionamento, mas uma resposta. Quando ele teve aquele sofrimento, o corpo todo desapareceu, o universo se tornou um universo de sofrimento. Essa frase de Gensha não é uma pergunta sobre o sofrimento, é uma declaração certificando sua iluminação no momento da dor.

Então ele voltou para o Mestre Seppo, que lhe disse: “É para isso que você foi embora, para estropiar o pé?” E Gensha Shibi respondeu: “Mestre eu lhe peço, não zombe de mim”.

Ele não era mais a mesma pessoa, nem mais Monge ele era.

O Mestre disse: “O que pode você me dizer, por que foi você embora em peregrinação?”. Gensha Shibi respondeu: “Bodhidharma não veio para a China, e o segundo patriarca não foi jamais à Índia”.

A história nos ensina que Bodhidharma veio à China. Bodhidharma era o vigésimo oitavo patriarca hindu, considerado como o primeiro patriarca chinês. Claro que o segundo patriarca chinês jamais foi à Índia, mas não de trata de "aqui" ou "lá".

Como ele indicou na primeira parte do Tratado do Caminho do Meio, Nagarjuna disse que não há nem aparição nem desaparição, isso nem vem nem vai (existem oito negações de Nagarjuna).

Se *tal coisa* se produz, algo *tal qual* aquela coisa está produzida, não há mais ego. Ao mesmo tempo não há mais dualidade, e assim podemos nos ver por toda parte. Contudo, isso não é senão um aspecto. Neste Genjo Koan ("realização da verdade") existe, se quisermos, "Koan Genjo", que seria, digamos, passar do mundo dos fenômenos a um tipo de percepção transcendental, essa manifestação da verdade se tornando verdade da manifestação porque naquele momento, eu e cada um de nós somos algo que está além da temporalidade já que não existe lugar algum que seja um eu ou um você.

O problema é a ideia que fazemos quanto à temporalidade: passado, presente e futuro. O Budismo Zen sempre disse: aqui e agora. O passado, presente e futuro não existem, se bem que de certo modo existam. Não importa aonde se vá, sempre levamos o presente conosco.

Se vocês vão escalar uma montanha, os Alpes por exemplo, podemos marcar onde estivemos ontem, e ver que amanhã será possível que cheguemos ao cume, mas podemos também ver o passado e o futuro simultaneamente.

Quando dizemos que com a prática podemos chegar à iluminação, que originalmente somos iluminados, que quando existe a iluminação maravilhosa existe a iluminação original..., todas essas teorias – que são teorias Budistas – não são de nenhuma valia, porque o importante é a prática, e quando existe a prática, a realização vem automaticamente.

Mestre Dogen diz: Não creiam que não se deva cometer erros, ao contrário, é necessário que cometamos erros. Se na informática entramos com uma informação errada, obteremos resultados errados, mas na prática, a partir dos erros, a realização se produz.

Para descrever essa realização que nós supomos fora do comum, há uma expressão muito célebre: os assuntos do burro ainda não acabaram e os do cavalo já começaram.

O burro é nossa prática, é nossa vida medíocre: nada se passa ali que seja extraordinário, não existe iluminação, sentimos dores nos joelhos, fadiga e vontade de dormir. A realização contida na prática e realização é assim. Na mesma ordem de ideias se diz também que aquele que vende ouro, é aquele que compra ouro. Esta realização toma lugar na intimidade do espírito, é o *i shin den shin*, "de coração para o coração", ou: "Somente Buda transmite para Budas". O fato de repetir palavras, é assim mesmo.

Finalmente, nossa prática consiste em realizar a si mesmo, se tornar si mesmo. Um mestre a quem foi perguntado o que era a "realização" respondeu da seguinte forma: "O cozinheiro entra na cozinha". Eis tudo. A cozinha é aquele lugar onde aquele que lá trabalha se realiza.

Isto nada mais é do que um exemplo, mas podemos também nos realizar em muitos campos, não importa em que profissão... Mesmo que façamos tais atividades para ganhar a vida, podemos fazê-las com o espírito de ajudar o próximo e consequentemente obter e realizar a felicidade.

Mestre Dogen não fala mais sobre a grande iluminação, exceto num capítulo do "Shobogenzo". Ele não fala senão da prática, porque para ele a prática é suficiente, já que a prática não é distinta da iluminação.

GLOSSÁRIO

Para facilitar a compreensão dos depoimentos e texto, fornecemos este pequeno glossário em que são descritas palavras associadas com Zen, termos e doutrinas Budistas. Os nomes japoneses estão marcados com *(J)*, os nomes em sânscrito com *(S)* e os nomes em pali com *(P)*.

ANGÔ (J) – Quer dizer "Morada Tranquila", ou seja, os três meses de treinamento num Mosteiro Budista, que na Índia correspondiam aos meses de monções. Dito ser obrigatória a participação em um Angô ao menos durante a vida para um Budista.

BODDHI (S) – *Iluminamento.* De acordo com o Budismo, compõe-se de ***PRAJNA (S)*** – sabedoria e ***KARUNA (S)*** – amor, compaixão.

BODHISATTVA (S) – O ser iluminado que dedica toda sua vida a ajudar os outros a atingir a libertação, aquele que busca o Iluminamento para iluminar os outros.

BUDDHA,* BUDA *(S) – A palavra é usada em dois sentidos: A mente absoluta

A pessoa acordada ou iluminada para a verdadeira natureza da existência. É a primeira das **Três Jóias.**

DEVA (S) – Divindade celestial ou do paraíso. A sexta classe dos seres vivos. Vide também seis estados da existência.

DHARMA (S) – Esta palavra tem vários significados na terminologia Budista, dependendo da colocação. Pode ser a lei do universo, a verdade, uma *coisa* Budista. É a segunda das **Três Joias.**

DOGEN ZENJI (1200-1253) (J) – Mestre Zen japonês, introdutor da Escola Soto Zen da China para o Japão.

DOKUSAN (J) – Entrevista com o Mestre durante retiros nos Mosteiros Budistas.

DOJO (J) – Num Mosteiro Budista, local onde Monges comem, dormem e meditam.

GASSHÔ (J) – O gesto de se fazer reverência com as mãos juntas para indicar respeito, gratidão ou humildade ou cumprimentar outras pessoas.

HAN (J) – Bloco de madeira usado no Mosteiro Budista para soar o horário e para avisar de vários momentos do Mosteiro.

KAMPOH (J) – Ramo da Medicina Tradicional Chinesa que usa fitoterápicos e também elementos do reino mineral e animal como remédios.

KARMA (S) – A lei universal de causas e efeitos, o princípio formativo do universo que determina o curso dos eventos e o rumo da existência, as ações passadas e seus resultados e retribuições.

KENSHO (J) – Primeira experiência Zen quando se pratica a meditação Zazen, correspondendo ao corpo cósmico do Buda.

KINHIN (J) – Meditação andando, geralmente entre duas meditações sentadas.

KOAN (J) – Seu significado original é *um caso que estabelece um processo legal, um documento público*. No Zen é uma formulação do mestre ao discípulo, sobre a qual o último medita. O ***Koan*** não pode ser resolvido pelo raciocínio lógico, mas apenas através de um despertar para um nível mais profundo da consciência. Constituem-se geralmente de casos de antigos mestres, partes de sermões ou trechos de ***sutras*** ou ensinamentos.

KOROMO (J) – Roupa usada por Monges, geralmente preto, por cima do kimono.

KYOSAKU (J) – Um bastão de madeira semelhante a uma espada, que é usado durante o Zazen para incentivar os praticantes, através de uma pancada nos ombros. É considerada a espada que corta as ilusões.

MAHAYANA (S) – Tipo de Budismo desenvolvido no norte da Ásia (China, Tibete, Japão, Coreia), no qual é colocada uma ênfase em ajudar o próximo mais do que na própria salvação.

MEISTER ECKHART (1260-1327) – Místico cristão alemão.

MANTRA (S) – Um som mágico, uma entoação que é repetida com a finalidade de se concentrar a mente.

NIRVANA (S) – Extinção da existência individual, cessar do renascimento, entrada na paz e liberdade. Com ***n*** minúsculo é colocado como oposto de ***SAMSARA (S)*** (vida e morte) com ***N*** maiúsculo é colocado como a paz que o mundo não pode dar e que o mundo não pode tirar, sendo considerada a quarta característica da existência.

OKESA (J) – Manto quadrado usado por Monges Budistas.

ORYOKI (J) – Tigelas de Monges nas quais comem suas refeições.

PRAJNA (S) – Sabedoria fundamental.

RAKUSU (J) – Pequeno manto usado por Monges, geralmente quando fazem mendigação ou trabalhos no Mosteiro.

RINZAI (J) – "Súbito despertar". Uma das escolas Zen do Japão.

ROSHI (J) – título atribuído a Mestre Zen. Ro (velho), Shi (mestre).

SAMADHI (S) – Estado interno de imperturbabilidade, contemplação, completa concentração sem nenhum esforço da mente.

SAMSARA (S) – *incessantemente em movimento*, o mundo dos fenômenos e da relatividade, nascimento e morte.

SANGHA (P) – A ordem Budista, a congregação dos seguidores do Budismo. É a última das **Três Joias**.

SATORI (J) – a experiência do Iluminamento, a auto-realização, o despertar para a natureza da existência.

SESSHIN (J) – literalmente, *colecionar pensamentos*. É um treinamento típico da escola Zen, um período geralmente de sete dias consecutivos, em que os praticantes dedicam-se integralmente ao ***Zazen (J)***, de forma a unificar a mente, focando-a na **Natureza Original.**

SHIATSU (J) – Terapia com pressões do dedo em locais específicos do corpo, ligado com os órgãos.

SHIKANTAZA (J) – *Envolver-se em só sentar*. Prática típica da escola ***Soto Zen***, na qual o praticante de ***Zazen*** simplesmente senta-se firmemente e em silêncio, abandonando corpo e mente e não se esforçando para transformar-se em ***Buda***.

SHOJIN-RYORI (J) – Estilo Zen de cozinhar. Culinária vegetariana de um Mosteiro Zen.

SOTO ZEN (J) – Escola Zen fundada na China e introduzida no Japão por Dogen Zenji.

TOZAN RYOKAI (J) (-818) e ***SOZAN HONGAKU (J) (839-901)***. No Japão foi introduzida pelo mestre ***EIHEI DOGEN (J) (1200-1253)***. Sua prática característica é o ***SHIKANTAZA (J)***.

SUTRA (S) – O significado original é *um recipiente onde são jogadas as joias*. São as escrituras Budistas, isto é, os sermões e diálogos do ***Buda*** ou os escritos posteriores de eminentes mestres.

TAKUHATSU (J) – Mendigação que é feita por Monges, permitindo que leigos também participem da vida do Dharma.

TATHAGATA (S) – *Aquele que vem como vai*, o *isso* mesmo, um dos mais altos títulos do ***Buda***, o Absoluto.

UNSUI (J) – Um (água), Sui (nuvem). Sinônimo de Monge Zen.

TEISHO (J) – Aula, palestra, conferência; palavra viva do Mestre.

TRÊS JOIAS – Buddha, Dharma e Sangha.

TRÊS VENENOS – Apego, raiva e ignorância.

YAKUZEN (J) – Yaku (remédio), Zen (meditação). Comida medicinal chinesa.

ZAZEN (J) – ***ZA (J)*** é sentar e ***ZEN (J)*** é meditação. ***Zazen*** é a milenar prática da meditação, com uma correta postura do corpo e da mente. É uma prática Budista fundamental.

ZEN (J) – Abreviação da palavra japonesa ***ZENNA*** e do termo chinês ***C'HAN***, transcrição do termo sânscrito ***DHYANA***, isto é, o processo de concentração e absorção através do qual a mente é tranquilizada e focalizada na **Natureza Original**. Um braço da escola Budista, rezando a tradição ter sido fundada por ***BODHIDHARMA (S) (Século VI)***, mestre hindu que introduziu o Budismo na China. É conhecida como a escola do iluminamento, da transmissão do ***Dharma*** coração a coração, como **Escola da Mente**.

ZENDO (J) – Uma sala de meditação.

Para praticar com Mestre Tokuda

Locais de prática ligados ao Mestre Tokuda no Brasil, os quais funcionam sob sua orientação e têm a coordenação local de Monges por ele ordenados.

Bahia

Sangha Zen da Bahia
Ivone Jishô
http://zenbahia.blogspot.com/alegriazen@gmail.com
Telefone: (71) 3481-2140

Distrito Federal

Dojô Cazazen
Magda Gyoku En
712 Sul, Bl. M, Casa 54, Brasília-DF, CEP 70361-763
cazazen@gmail.com
Telefone: (61) 3879-8415

Caminho do Meio
Tânia Quaresma
Celular - (61) 99819571; (61) 81196612
Telefone: (61) 41012248
tania-quaresma@uol.com.br
caminhodomeio@uol.com.br

Goiás

Instituto Nonindo
Terezinha Shin Etsu
Rua Mario Bittar Nº 226, esquina com rua 15 St. Marista - Goiânia-Go, Cep 74150 -260
Telefone: 62 - 3941 0202; 62 - 3941 8585
nonindo@terra.com.br

Mosteiro Zen Horyu Zan Eisho-Ji
Marcos Beltrão
Várzea do Lobo
Pirenópolis
Telefone: (62) 9969.3533
marcosbeltrao@uol.com.br

Minas Gerais

Dojo Soto Zen
Simone Keisen
Rua Samuel Pereira 230 apt. 401, Bairro Anchieta
Belo Horizonte CEP 30330-160
Telefone: (31) 3221-0293

Dojo
Mariângela Ryosen
Avenida João Pinheiro, 39, AP. 81
Centro. Belo Horizonte-MG. CEP 30130-180.
Telefone: (31) 9745-4450

Templo Sen-Guen
Lenita Eshô
Fazenda Velha Itamonte Minas Gerais
Itamonte-MG
Correspondência:
Rua Humaitá 102 casa 14
CEP 22 261 001 – Rio de Janeiro RJ
www.abrigodasaguas.com.br

Centro Zen Komyo-ji
Elcio Sho Un
Rua Gonçalves Figueira, 226. Sala 201
39400-006 – Montes Claros-MG
Telefone: (38) 88223537
email: elciolucas@yahoo.com

Templo Zen Pico de Raios
Aníbal Jippo
Caixa Postal 101 – Morro de São Sebastião
Ouro Preto CEP 35400-000
Telefone: (31) 3551.6102
www.templozenpicoderaios.com.br/

Pernambuco

Seirenji – Centro Zen do Recife
Giliate Mokudô
Rua Dom Carlos Coelho,45/101
Boa Vista – Recife – CEP 50050-360
Telefone: (81) 3423.2079 / (81) 3341.5359
seirenji@nlink.com.br

Sala de meditação Soledade Zen
Rizomar Kan Guetsu e Rizonete Kô Guetsu
Rua Gonçalves Maia, 57
Soledade – Recife-PE
Telefone: (81) 3222 6176

Rio de Janeiro
Templo Zen de Copacabana
Rua Saint Roman, 16 (próxima à Sá Ferreira)
Copacabana – Rio de Janeiro-RJ – CEP 22071-060
Telefone: (21) 2513-2907

Templo Zen do Jardim Botânico
Alcio Braz Eido Soho
sanghazendorio@sanghazen.com.br
R. Visconde. de Carandaí, 43 – Jardim Botânico
Rio de Janeiro-RJ – CEP 22460-020

Santa Catarina
Somossan Dojô
Giorgia Sena
Beira Mar – Florianópolis
giorgia@gmail.com
Telefone: (48) 8828-1998

* Telefonar/escrever antes para mais informações

Para Saber Mais

Para acessar gratuitamente textos, palestras e livros (na íntegra) de autoria do Mestre Tokuda:
http://www.tokuda-igarashi.net

Para acessar as principais obras Budistas e Zen Budistas:
http://www.marcosbeltrao.net

Para manter-se informado das atividades realizadas pela Sangha Mahamuni e pelo Mestre Tokuda:
http://alunosdomestretokuda.blogspot.com